중세를
오해하는

현대인
에게

중세를 오해하는 현대인에게

초판 1쇄 인쇄 2021년 11월 20일
초판 1쇄 발행 2021년 11월 30일

지은이   남종국
펴낸이   이영선
책임편집   김종훈

편집   이일규 김선정 김문정 김종훈 이민재 김영아 김연수 이현정 차소영
디자인   김회량 이보아
독자본부   김일신 정혜영 김민수 박정래 손미경 김동욱

펴낸곳 서해문집 | 출판등록 1989년 3월 16일(제406-2005-000047호)
주소 경기도 파주시 광인사길 217(파주출판도시)
전화 (031)955-7470 | 팩스 (031)955-7469
홈페이지 www.booksea.co.kr | 이메일 shmj21@hanmail.net

ⓒ남종국, 2021
ISBN 979-11-92085-03-6 03920

중세를
오해하는

현대인
에게

남종국 지음

서해문집

몇 년 전 신문 칼럼을 써 달라는 요청을 받았다. 논문과 학술서만 써 온 사람이 대중을 위한 글을 쓸 수 있을까 하는 두려움과 이참에 대중적 인지도를 높여 볼까 하는 얄팍한 공명심이 마음속에서 싸우느라 요청을 받아들일지 말지 망설였다. 게다가 칼럼의 큰 주제가 '역사와 현실'이라는 것도 마음에 걸렸다. 내가 전공하는 중세 유럽과 지중해 세계는 현재와는 500년 이상의 시간 차이가 있고, 물리적 공간으로도 유럽은 우리와 가깝지 않기 때문이다. 중세 유럽 이야기를 기본으로 현실과의 연관성을 조금만 언급하는 정도의 글도 좋다는 편집장님의 말씀에 용기를 냈고, 2년 넘게 글을 쓸 수 있었다. 그리고 그 글들과 새로 쓴 글을 모으고 엮어서 펴내는 결과물이 바로 이 책이다.

　하지만 매달 한 번씩 칼럼을 쓰는 일은 녹록지 않았다. 가장 힘들었던 일은 주제 즉 이야기를 찾는 것이었다. 현재의 문제들과 연관성이 있는 주제를 찾는 것이 매번 고민거리였다. 주제를 찾고 나서도 여전히 여러 문제가 남아 있었다. 잘 알고 있다고 생각한 많은 이야기를 짧은 분량의 칼럼에 나름 흥미롭게 농축해 내는 일은 만만치 않았다. 이처럼 어려운 일이었지만, 매우 즐거운 여정이기도 했다. 여러 책을 다시 읽으면서 기존에 생각하지 못했던 많은 것들을 깨닫는 일종의 그랜드 투어였다.

칼럼에 연재한 많은 이야기는 내가 30년 가까이 공부해 온 유럽 중세사와 관련된 것이다. 서양 중세는 시시각각으로 변하는 여러 색깔의 무지개 같다. 15년 전 신임 교원 최종 면접에서 이런 질문을 받았다. "유럽 중세는 암흑시대 아니었나요?" 중세 유럽을 암흑시대로 규정하는 전공자는 매우 드물기에, 순간 어떻게 답하는 것이 좋을지 조금 망설였다. 이런 질문이 나온 이유는 오랫동안 유럽 중세를 암흑시대로 생각하는 것이 일반적이었기 때문일 것이다. 중세를 암흑시대로 간주하기 시작한 사람은 르네상스 시대의 이탈리아 인문주의자들이었다. 최초의 근대인으로 알려진 페트라르카는 중세를 고대의 빛이 사라진 어둠으로 규정했다. 16세기 이탈리아 예술가들의 연대기를 저술한 조르조 바사리Giorgio Vasari는 중세 유럽의 화려한 성당 건축을 야만족의 일파인 고트족(Gothic) 예술이라고 폄하했다. 중세 사람과 중세 문명을 경멸하는 풍조는 계몽주의 시대인 18세기에 더 강화되었다. 대표적 계몽철학자 볼테르는《여러 민족의 풍습과 정신에 대한 시론》에서 중세를 이성으로 타파해야 할 무지, 야만, 몽매, 폭력의 시대로 해석했다.

그렇지만 많은 역사가가 중세 1000년의 역사 속에서 밝은 빛을 찾아냈다. 미국의 역사학자 해스킨스Charles Homer Haskins는 12세기에 이루어진 지적, 문화적 발전을 '12세기 르네상스'로 명명했다. 어떤 역사가들은 이때 철학과 예술이 발전했다고 강조한다. 기독교적 관점을 가진 학자들은 유럽이 기독교를 받아들였고, 그 덕분에 유럽 세계가 기독교 문명의 토대를 마련할 수 있었으며, 중세 유럽 기독교 세계는 찬란한 종교예술을 꽃피웠고, 위대한 성직자와 신학자 들이 눈부신 지적 성취를 이뤘다면서 중세를 재발견해야 한다고 역설했다. 나도 중세 후반 지중해 교역과 교류를 연구하면서 11세기 이후 서유럽 세계가 경제적으로 크게 성장했음을 확인했다.

한편 중세 사회를 좀 더 넓은 맥락에서 공부하면서 중세가 가진 낯섦과 그 시대의 한계가 눈에 들어왔다. 잘 알고 있다고 생각한 세계가 어느 순간 너무나 이상하고 낯설게 느껴진 것이다. 이때부터 이상한 세계로의 여행을 본격적으로 시작한 것 같다. 이러한 이질감은 중세 유럽 사회가 현대 사회와 여러 면에서 차이가 많기 때문일 것이다. 유럽은 근대를 거치면서 구조적 변화와 발전을 많이 경험했고, 현대 세계에 이르렀다. 포스터모더니즘 역사학은 치열하고 길었던 근대화 과정과 그를 통해 성취한 근대성을 별것 아닌 것으로 취급하기도 하지만 말이다.

　이 책은 현대인의 관점에서 보면 이상하고 낯선 중세를 다룬 이야기들이다. 인간은 평등하지 않으며 신분 질서는 신이 만들었기에 이를 어길 시에는 신의 뜻을 거스른다고 가르친 신학자들, 종교가 다르다는 이유로 사람을 죽일 수 있다고 믿은 광신자들, 파라다이스가 아시아 동쪽 끝에 있으며 지옥은 땅속 어딘가에 있다고 생각한 사람들, 전염병을 신이 내린 벌로 간주하고 불임을 악마의 소행이라 믿은 사람들, 이자를 죄악으로 생각하고 이자 대부업자는 지옥에 떨어진다고 생각한 사람들, 하느님에게 왕권을 부여받았기 때문에 왕이 기적을 행할 수 있다고 생각한 사람들, 성인들의 뼈를 숭배한 사람들에 관한 이야기다.

　그런 점에서 이 책은 중세 유럽이라는 낯설고 이상한 세계를 경험하는 여행이 될 것이다. 두려움도 있겠지만 미지의 세계에 대한 흥분과 설렘도 함께 느낄 수 있을 것이다. 또 그때와 현재를 비교하면서 이 책을 읽는다면 또 다른 재미를 맛볼 수도 있다. 그러나 이러한 비교가 현대를 절대적 기준으로 과거를 형편없는 시대로 간주하는 방향으로 흐르지 않으면 좋겠다.

　인간은 자신이 사는 시대의 수인囚人이라는 말이 있다. 이 말은 보통 사람들은 시대라는 감옥에 갇혀 있음을 의미한다. 중세 사람들은 조야한 물질문명, 생물학적 한계, 하나의 종교가 지배하는 사회라는 구조 속에서 살았다. 그들이 그러한 한계 내에서 치열하고 고된 삶을 이겨 냈다는 점을 고려해야 한다. 그래야 우리 시대의 한계를 냉철하게 바라볼 수 있다.

그렇게 한다면 이 여행이 우리 시대와 현재를 더 잘 이해할 수 있는 토대가 될 수 있다. 우리 시대의 한계와 모순을 뚜렷하게 인식할 수 있도록 해 줄 것이다. 1000년 후 미래인들 관점에서 보면 우리 시대도 무지몽매하고, 불관용적이며, 야만스러울 것이다. 여전히 인간은 법적 평등에도 불구하고 사회경제적으로 불평등하며, 종교적 불관용이 계속되고, 전염병과 많은 질병으로부터 고통받으며 살고 있다. 그렇기에 시대를 비교하는 일은 우리 시대의 한계와 편견을 직시하고 이를 바로잡을 수 있는 경험이 될 것이다.

차례

II   그리고 신의 이름으로

III   Miscellanea, 역사의 상상

중세라는
이상한 세계

아리스토텔레스를

금하라

한때 세계사 교과서에 토마스 아퀴나스가 신앙과 이성을 조화시켰다는, 관행적으로 사용한 표현이 있었다. 구체적 내용이나 맥락에 대한 보충 설명이 없다면 이 문장이 정확히 어떤 의미인지를 파악하기는 어렵다. 여기서 신앙은 기독교를, 이성은 아리스토텔레스로 대변되는 고대 그리스철학과 학문을 상징한다. 조금 단순하게 이야기하면 중세 기독교는 고대 그리스의 철학과 학문을 신앙에 해가 된다는 이유로 1000년 넘게 배제했다. 그러다 12~13세기 유럽에서 아리스토텔레스의 학문을 배우자는 욕구가 다시 일어났다. 13세기 후반 아퀴나스는 아리스토텔레스 철학으로도 신의 오묘한 진리를 이해할 수 있다면서 기독교 신앙과 고대 그리스철학의 이성을 조화시키려고 노력했다.

하지만 고대 그리스 학문을 수용하는 데 아무런 저항이 없진 않았다. 움베르토 에코Umberto Eco의 저서 《장미의 이름》은 아 017

리스토텔레스 학문 수용이 교회의 강한 저항에 부딪혔던 역사를 흥미로운 이야기로 재구성했다. 14세기 초 이탈리아의 한 수도원에서 벌어진 살인 사건을 다룬 이 소설에는 아리스토텔레스의 《시학》을 읽으려는 젊은 수도사들과 이를 막기 위해 책에 독을 바른 나이 든 수도사 호르헤가 등장한다. 호르헤가 살인을 저지르게 된 이유는 아리스토텔레스가 교육적 가치가 있고 선을 지향한다고 말한 "웃음"이 인간을 타락시키고, 웃음을 알게 되면 신을 경배하지 않게 될 것이라는 두려움 때문이었다. 소설에서뿐만 아니라 실제 역사에서도 중세 교회는 아리스토텔레스 학문 부활을 막으려 했다.

1270년 파리 주교 에티엔 탕피에는 '급진주의적' 아리스토텔레스 추종자들의 열세 가지 명제를 가르치지 못하도록 금지했고, 1277년에는 이 금지 목록을 219개로 확대했다. 그중 "세계는 영원하다", "영혼은 육신이 죽은 후까지 생존하지 못한다.", "자연의 과정들은 규칙적이고 불변이다"라는 명제는 신의 창조 행위와 영혼 불멸을 부정하고, 기적을 배제하기 때문에 기독교의 교리에 치명적인 해가 된다고 보았다. 1277년 금지령은 약 50년간 지속되다가, 1325년 파리 주교가 아퀴나스의 가르침을 언급했다고 내린 파문破門을 무효화하고, "이후로 우리는 이 항목들에 대해 긍정도 부정도 하지 않고 대신 그것들을 자유로운 학문적 논의에 맡긴다"라고 선언함으로써 폐지되었다.

지혜의 집

12~13세기 유럽에서 배우고자 했던 아리스토텔레스 학문은 이슬람 세계로부터 수입된 것이었다. 아이러니하게도 고대 그리스철학을 배제했던 중세 유럽 기독교 세계와는 달리 이슬람 세계는 고대 그리스의 지적 유산을 적극 계승하고 발전시켰다. 아바스왕조는 수도 바그다드에 '지혜의 집'이라는 도서관 겸 학술 기관을 세우고 우수한 학자들을 초빙해 그리스어로 된 다양한 분야의 책들을 번역하도록 후원했다. 8세기 중반부터 10세기 말까지 아리스토텔레스, 플라톤, 유클리드, 프톨레마이오스 등 고대 그리스와 로마를 대표하는 철학자, 지리학자, 점성학자, 수학자 들의 저작 대다수가 아랍어로 번역되었다. 이러한 번역 덕분에 아바스왕조는 이슬람 역사상 가장 위대한 업적을 남겼다.

이같이 중세 이슬람 세계가 한층 발전시킨 고대 그리스철학과 학문의 유산이 12세기 유럽 기독교 세계로 역수입된 것이다. 아랍어 탐구 붐이 일어났고, 아랍어로 번역된 고대 저술들이 라틴어로 번역되었다. 그러나 아랍어와 아랍어로 된 책을 배우고자하는 욕구만큼 이를 막으려는 저항도 강력했다. 강한 저항과 반대가 있었지만 12세기 이후 기독교 세계는 이슬람 등 외부 세계로부터 많은 것을 수용하여 발전시켰고 이러한 바탕 위에 근대 세계를 만들어 갔다. 반면 15~16세기 이슬람 세계는 아바스왕조 시절과는 달리 새로운 것을 받아들이는 데 주저했다. 중세 말 지식 수용에서의 이러한 태도 변화가 기독교 세계와 이슬람 세계가

근대화 과정에서 서로 다른 길을 가게 하지는 않았을까? 아리스
토텔레스 학문이 수용되거나 거부되었던 역사는 종교, 이데올로
기, 인종과 민족, 국가라는 장벽을 세우고 사상과 학문의 흐름을
막아서는 안 된다는 교훈을 알려 준다.

중세라는
이상한 세계

잃어버린 고전과

책 사냥꾼

몇 해 전 정부에서 '인문 사회 학술 생태계 활성화 방안'을 발표한 적이 있다. 정부가 나서서 인문학을 육성하겠다고 발표할 정도로 현재 인문학은 심각한 위기에 직면해 있다. 대학들은 경제적 수익성이 높은 학문을 집중적으로 육성하고 인문학, 기초과학 등을 수익성이 낮다는 이유로 홀대하고 때론 학과를 폐지하기도 한다. 이와 같은 지식 생산 불균형은 사회 전반에 영향을 미쳐 지속 성장과 도약에도 걸림돌이 될 것이다.

오늘날에는 수익성만을 추구하는 자본의 논리가 균형 잡힌 학문 생산을 어렵게 만든다면 중세 유럽 사회에서는 종교적 편견이 학문의 불균형을 초래했다. 중세 유럽에서는 오랫동안 신학 이외의 학문을 등한시했다. 특히 고대 그리스와 로마 시대의 학문을 이교적이라는 이유로 배척하고 배우려 하지 않았다. 초기 기독교 교부敎父인 히에로니무스 같은 신학자도 신학에 몰두하기 위해

한때 그토록 좋아했던 고전 공부를 포기하기로 결심했다. 한 제자에게 보낸 편지에서 그는 "호라티우스가 시편을 읽는 데 무슨 도움이 되겠으며, 베르길리우스가 복음서를 이해하는 것과 무슨 상관이 있겠는가? 키케로를 읽는다고 바울을 알게 되겠는가?"라면서 고대 이교도의 저작을 멀리하라고 충고하기까지 했다. 교황 그레고리우스 1세는 '인문학이 학생들을 악의 나락으로 떨어뜨리는 것을 보고 학업을 포기하고 종교적인 삶에 헌신하기로 한' 성 베네딕투스의 결심을 칭송했다. 이제 고대 이교도의 작품들을 읽는 것은 불경스러운 죄악이 되었다. 이러한 분위기 때문에 중세 유럽에서 고대 문헌들은 연구는커녕 보존되기도 힘들었다.

인문학에 대한 관심이 부활하기까지는 그 후로 오랜 시간이 걸렸다. 그 첫 발걸음을 내딛은 사람은 14세기 이탈리아 출신 인문주의자 페트라르카였다. 페트라르카를 필두로 이탈리아에서 인문학 붐이 일었지만 정작 공부에 필요한 유명 고전 작품 대부분이 유실된 상태였다. 그나마 책을 보존한 유일한 기관이 수도원이었다. 그런데 수도원이 책을 보존한 이유는 공부를 위해서가 아니었다. 수도사들은 당시 글을 읽고 쓸 수 있는 유일한 집단이었고, 마침 수도회의 회칙 또한 독서와 필사를 중요한 일과로 규정했기 때문이다. 수도사들은 큰 관심 없이 기계적으로 키케로, 베르길리우스, 루크레티우스 등 고대 작가들의 저작을 필사해 책을 보존했을 뿐이었다. 하지만 그들의 노고 덕분에 고전 일부가 023

포조 브라촐로니 초상화

그나마 보존될 수 있었던 것은 너무나 다행스러운 일이었다.

수세기 동안 수도원 도서관에서 모두에게 잊힌 채 묻혀 있던 고전 작품들이 르네상스 시대 인문주의자들에 의해 다시 빛을 보게 되었다. 그들은 유럽 전역에 흩어져 있는 수도원 도서관을 뒤지면서 '책 사냥'을 시작했다. '책 사냥꾼'으로 처음으로 명성을 얻는 사람이 바로 페트라르카였다. 그는 프랑스 샤르트르에서는 고대 로마의 역사가 리비우스의 저작《로마 건국사》를, 파리에서는 로마제국 초기의 시인 프로페르티우스의 필사본을, 이탈리아 베로나에서는 키케로가 아티쿠스에게 보낸 서신을, 벨기에 리에주에서는 키케로의《아르키아스를 위한 변론》을 발견했다. 페트라르카에 의해 되살아난 키케로의 글들은 이후 인문학 발전에 크게 기여했다. 키케로의 글들은 인문학의 개념과 미덕을 알려 주었을 뿐만 아니라 인문주의자들이 공적 문서를 작성하고 연설을 하는 데 적극적으로 참조할 수 있는 실용 교본 역할도 했다.

페트라르카 이후 15세기 초반 책 사냥꾼으로 널리 알려진 인물은 교황청 서기이자 인문주의자였던 포조 브라촐리니였다. 그

DOMINVS FRANCISCHVS PETRARCHA

안드레아 델 카스타뇨, 〈페트라르카〉, 1450년경, 우피치미술관 소장는 고대 세계의 유산을 찾아내는 데 온 열정을 바친 가장 위대한 책 사냥꾼이었다. 1417년 독일의 한 수도원에서 1400년 넘게 묻혀 있던 기원전 1세기 로마의 시인 루크레티우스의 저작《사물의 본성에 관하여》를 발견했다. 한 역사가는 이 책의 발견이 근대의 탄생을 돕는 산파 역할을 했다고 말한다. 영혼은 육체와 함께 사멸하며, 사후에 받아야 할 심판도 없으며, 신성한 힘이 있어 우리를 위해 이 우주를 창조한 것도 아니며, 사후 세계에 대한 모든 관념은 전부 미신적인 환상이라는 루크레티우스의 '불온한' 충고들은 중세 유럽에서 모든 것을 지배하고 짓누르는 종교의 무거움으로부터 점차 벗어나 근대로 느린 발걸음을 내딛는 데 일조했다.

지식은 사회 공동의 자산이기에 모든 분야의 지식이 균형 있게 발전해야 한다는 프랑스 국립과학연구원 설립 목표는 남의 나라 이야기지만 부러울 따름이다. 세계사에서 주도적 역할을 했던 고대 로마제국, 중세 이슬람의 아바스왕조 등은 세상의 모든 지식을 수집하고 연구해서 발전시키려고 노력했고 그 덕분에 찬란한 학문적 성취를 이룰 수 있었다. 반면에 당장의 현실적 필요성과 수익만을 중시하는 근시안적 생각은 학문 발전 불균형을 초래해 왔다. 이 불균형이 계속된다면 조만간에 우리도 600년 전 유럽처럼 책 사냥꾼이 필요할지도 모르겠다.

전염병보다 무서운

가짜 뉴스

전염병에 대한 인류의 의학 지식이 크게 개선되었고 전염병을 관리하는 사회나 국가의 대처 능력이 많이 향상되었음에도 전염병에 대한 공포와 히스테릭한 반응은 완전히 사라지지 않았다.

전염병 확산 못지않게 우리 사회에서 우려되는 문제는 왜곡된 정보를 퍼뜨리고 전염병에 대한 공포를 과도하게 자극해 이를 정치적으로 이용하려는 사람들이 있다는 것이다.

14세기 중엽 유럽을 강타한 흑사병에 관해서도 당대뿐 아니라 이후에도 많은 억측과 오해가 있었다. 사실 당시 전염병이 어떻게 발병해서 퍼져나갔는지를 정확히 밝히기는 어렵다. 그러나 하나의 설명이 만들어지면 그것이 진실이 아닐지라도 바로잡기는 매우 어렵다. 아직까지도 통용되는, 근거가 확실하지 않은 해석에 따르면, 흑사병이 중세 유럽 기독교 사회에 본격적으로 확산된 계기는 1346년 흑해 연안에서 몽골군과 제노바 상인들 간에 벌

어진 공성전이었다. 성을 공격하던 몽골군 내에 전염병이 퍼지자 몽골군이 흑사병으로 죽은 동료의 시체를 성안으로 던져 넣었다는 것이다. 이 시체로 인해 감염된 제노바 사람들이 전쟁에서 패하고 배를 타고 콘스탄티노플을 경유해 시칠리아섬까지 갔고 전염병은 시칠리아로부터 북서유럽으로 빠르게 확산되었다.

그러나 흑사병에 걸린 제노바인들의 배가 흑해에서 시칠리아섬까지 항해하는 것은 거의 불가능하다는 점을 고려할 때 이러한 해석은 근거가 희박하다. 그렇지만 여전히 몽골과 제노바 간의 전투를 최초의 세균전이라 부르고 전염병 확산 책임을 몽골인들에게 전가하는 유럽 중심적인 해석이 완전히 사라지지 않았다.

사실 14세기 중엽 유럽을 강타한 흑사병은 이후에도 주기적으로 유럽을 휩쓸고 지나갔고 유럽인들은 이에 대한 나름의 해결책을 찾으려고 노력했다. 그 방법 중 하나가 바로 '쿼런틴quarantine'이었다. 검역을 뜻하는 영어 단어 quarantine은 원래 '40'을 뜻하는 이탈리아어 'quaranta'에서 유래했다. 지중해에서 사람과 상품의 이동이 매우 활발했던 국제 무역항 베네치아는 흑사병의 공격을 자주 받았는데, 이를 막기 위해 모든 선박을 입항하기 전에 40일간 먼바다에서 강제로 머물게 했다. 만약 배 안에 감염자가 한 명이라도 있으면 그 배 안에 있는 모든 사람은 죽는 것

야코포 바사노,
〈전염병 환자를 돌보는
성인 로쿠스와 영광의 성모마리아〉,
1575, 브레라미술관 소장

029

이었다. 이러한 조치는 전염병에 걸렸을 위험이 있는 사람을 사회로부터 격리하고 배제하는 방식이었다. 즉 사회가 전염병을 치료하고 관리하기보다는 잠재적 보균자들을 공동체 구성원으로 간주하지 않고 피해야 할 존재로 여긴 것이다.

흑사병에 대한 또 다른 오해 중 하나는 베네치아 가면무도회에 등장하는 메디코 델라 페스테Medico della peste라 불리는 가면이었다. 이 가면은 흑사병을 막기 위해 의사들이 사용하던 것이다. 긴 부리와 눈구멍만 나 있는 우스꽝스러운 모양이라, 마치 새 부리처럼 보이는 가면이다. 그래서 당시 사람들은 이 가면을 쓴 의사를 '부리 가면' 의사라 불렀다.

이런 모양의 가면을 만들어 사용한 이유는 당시 사람들이 흑사병이 공기로 전염된다고 믿었기 때문이다. 공기 유입을 차단하기 위해 긴 부리에 작은 구멍만을 내고 부리 안에는 각종 향신료, 허브 등을 채워 넣어 소독 효과를 높이려 했다. 그러나 의학이 발전하면서 나중에 밝혀졌지만 흑사병은 호흡기 전염병이 아니었다.

40일간 격리나 이상한 모양의 부리 가면은 당시 기준으로는 나름 합리적인 대응일 수도 있다. 가장 비이성적 접근은 흑사병이 신의 징벌이라는 주장들이었다. 이렇게 믿었던 당대 기독교인들은 흑사병을 막아 준다고 알려진 성인聖人 세바스티아누스와 성인 로쿠스에 더욱 의존했다. 일부 사람들은 회개한다는 이유로 자신의 몸을 가혹하게 채찍질하면서 길거리를 돌아다녔다. 아마 이로 인해 흑사병이 더 퍼졌을지도 모른다. 21세기 우리 사회에서도 여전히 하느님 나라 일을 하면 전염병에 걸리지 않기 때문에 코로나19가 두렵지 않다면서 대규모 대중 집회에 참여하는 사람들이 있다. 전염병을 치료한다면서 신도 입에 소금물을 분무했다는 얘기도 들린다. 각종 음모론도 난무한다. 이런 것을 보면 예나 지금이나 가짜 뉴스는 전염병보다 무섭다.

흑사병에 맞선 의사와

도망친 교황

코로나19가 세계적으로 퍼지면서 카뮈Albert Camus의 소설《페스트》에 대한 관심이 증가했고 책 판매량도 늘었다. 이 소설은 1940년대 프랑스 식민지였던 알제리의 오랑시에서 발생한 페스트에 관한 이야기다. 페스트와 맞서 싸웠던 소설 속 주인공들에게 관심을 갖는 이유는 그들의 경험이 코로나19와의 싸움에 작은 도움과 위안을 줄지 모른다는 기대감 때문일 것이다. 이 소설은 전염병이 파괴한 평범한 일상, 가공할 공포에 맞선 작은 인간들의 숭고한 연대, 그 속에서 더욱 빛나는 인간이라는 존재의 의미를 들려준다.

하지만 소설 속 이야기와는 달리 실제 역사 속 전염병에 대한 사람들의 대응은 그렇게 감동적이지 않았다. 특히 700년 전 중세 유럽을 강타하고 인구 3분의 1을 앗아간 흑사병은 인간 존재의 무기력함을 있는 그대로 드러냈다. 극심한 피해를 입었던 피렌체의 시민이자 작가였던 보카치오는 자신의 책《데카메론》에서 "이 재난은 이렇듯 너무나 큰 공포를 남자들과 여자들의 가슴속에 심어 놓았고, 형제가 형제를 포기하고 아저씨가 조카를, 누나가 동생을, 그리고 더 흔하게는 아내가 남편을 버리게 만들었습니다. 믿기 힘든 일이지만, 더 심하게는 부모가 아이들을 마치 자기 자식이 아니란 듯 돌아보지도 않고 돌보기를 피하는 경우도 있었습니다"라면서 인간이 흑사병 앞에서 얼마나 무기력한지를 고발한다.

보카치오는 소설 도입부에서 전염병에 대한 여러 인간 군상들의 대응을 생생히 들려준다. "실컷 먹고 마시며 즐기고 노래하며 주변을 돌아다니고 닥치는 대로 욕망을 채우는 사람들", "밤이나 낮이나 이 술집에서 저 술집으로 옮겨 다니며 끝없이 흥청망청 마셔 대고 그도 모자라 남의 집까지 쳐들어가 걸리는 대로 혹은 마음 내키는 대로 즐기는 사람들", "얼마 못 살 것이라고 여기고 자기 자신은 물론 재산도 모두 포기한 사람들" 등 각양각색이었다. 그는 흑사병에 걸린 사람을 그대로 두고 도망치는 사람들이 가장 잔인한 심성의 소유자라고 말한다.

당시 기독교 세계의 수장인 교황이 기거하던 아비뇽의 상황도 별반 다르지 않았다. 흑사병이 아비뇽에 퍼지기 시작한 것은 1348년 1월의 어느 추운 겨울날이었고, 4개월 동안 6만 2000명의 목숨을 앗아 갔다. 급기야 교황 클레멘스 6세는 1348년 5월

클레멘스 6세의 다리를 치료하는 기 드 숄리아크

아비뇽을 버리고 떠났다. 기독교 세계의 수장이 죽음의 공포에 떨고 있는 사람들을 버리고 저만 살자고 줄행랑을 쳤다고 비난할 수 있을까? 물론 교황 입장에서 보면 할 만큼 했다고 말할 수도 있을 것이다. 왜냐하면 교황은 죽은 자들을 묻을 공동묘지를 마련했고, 죽어가는 이들에게 일괄 사면을 단행했으며, 의사들이 병의 원인을 찾을 수 있도록 시신 해부 금지를 해제했고, 흑사병은 유대인이 우물에 독을 풀어 발생한 것이라며 유대인을 탄압하는 기독교인들을 비난하는 회칙을 발표하기도 했기 때문이다. 그렇다고 교황의 행동이 바람직했다고 말하기는 어렵다. 교황이 흑사병에 걸리지 않고 5월에 아비뇽을 무사히 떠날 수 있던 것도 전염병 환자들과 근거리에서 접촉하지 않고 안전한 교황청 내에 있었기 때문일 것이다.

이와는 달리 클레멘스 6세의 주치의였던 기 드 숄리아크는 아비뇽에 남아서 환자를 치료했다. 그가 도시에 남기로 결심한 이유는, 그의 말에 따르면 "불명예"를 피하기 위해서였다. 결국 그는 환자를 치료하다 감염되었고, 6주 동안 병과 목숨을 건 사투를 벌였다. 다행히도 그는 살아남았고, 흑사병이 다시 찾아온 1361년에도 여전히 역병 환자들을 치료했다. 현재 프랑스 몽펠리에대학병원은 그를 기려 '기 드 숄리아크 병원'으로 불리고 있고, 몽펠리에에는 그의 이름으로 불리는 거리가 있다. 이는 외과 의사로서 그의 업적을 높이 평가했기 때문일 것이다. 하지만 나는 환자 곁에서 의사로서 자신의 자리를 지켰던 그의 태도에 더 높은 점수를 주고 싶다.

흑사병을 물리치는

수호성인

유럽 역사에서 르네상스 시대라 불리는 14~16세기에는 엄청나게 많은 미술 작품이 제작되었다. 새로운 소재와 주제를 다룬 것들도 많았지만 여전히 기독교와 관련된 작품이 대부분이었다. 르네상스 시대에 인기를 얻은 기독교 성인이 있었는데, 바로 성인 세바스티아누스였다. 페루지노, 틴토레토, 티치아노, 만테냐 등 르네상스를 대표하는 많은 화가가 그를 화폭에 담았다. 대체로 성인 세바스티아누스는 화살을 맞고도 얼굴에 고통보다는 야릇한 미소를 짓고 있는 모습으로 그려졌다. 특히 만테냐가 그린 성인 세바스티아누스는 근육질 몸매에 온몸에는 열 개 정도의 화살이 꽂혀 있고, 게다가 긴 화살 하나가 머리를 관통하기까지 했다.

　세바스티아누스는 3세기 후반 로마제국의 황실 근위대 장교였다. 288년 황제였던 디오클레티아누스가 기독교인들을 박해했을 당시 기독교 신자임을 들킨 세바스티아누스는 관직을 박탈

당하고 사형을 언도받았다. 4세기 밀라노의 주교 암브로시우스가 전하는 말에 따르면 나무 기둥에 묶인 세바스티아누스는 몸에 화살을 맞았지만 죽지 않고 살아났다. 이레나 성녀의 도움으로 구출되어 건강을 회복한 세바스티아누스는 다시 황제에게 찾아가 황제의 죄를 꾸짖다가 끝내 곤봉을 맞고 처형되었다.

세바스티아누스가 화가들 사이에서 인기를 얻게 된 이유는 두 가지다. 르네상스 시대의 화가들은 고대 그리스와 로마의 예술을 모방하려 했고 특히 육체의 아름다움을 있는 그대로 표현하고자 했다. 그 덕분에 중세 유럽 사회에서 거의 제작되지 못했던 누드가 르네상스 시대에 다시 빛을 보게 되었다. 그렇지만 성인들을 벗은 모습으로 그린다는 것은 여전히 쉽지 않은 일이었다. 기껏해야 기독교 초기부터 반 누드의 모습으로 그릴 수 있었던 대상은 아담과 세바스티아누스 정도였다. 세바스티아누스가 다른 성인과 다르게 군인이라서 건장한 신체를 가지고 있는 것으로 묘사해도 크게 무리가 없었기 때문이다. 그래서 르네상스 시대에 그려진 성인 세바스티아누스는 중요한 부분만 천으로 가린 채 몸에 여러 대의 화살을 맞고 약간 몽환적인 시선으로 허공을 응시하고 있다. 때론 여성스러운 모습으로 그려졌다.

세바스티아누스는 일반인들에게도 인기를 얻었는데, 그 이유는 다름 아닌 흑사병 때문이었다. 14세기 중엽 유럽을 강타한 흑사병은 유럽 인구 3분의 1을 앗아 갔다. 흑사병에 대한 공포와 의

안드레아 만테냐, 〈성인 세바스티아누스의 순교〉, 1480, 루브르박물관 소장

학적 무지는 흑사병을 초자연적 현상으로 설명하게 만들었다. 당시 기독교인들은 흑사병이 성적으로 타락한 인간에게 신이 내린 징벌이라고 생각했다. 죄를 뉘우치기 위해 순례를 떠나는 사람들이 늘어났고, 가장 극단적으로는 온몸에 채찍질을 하면서 여러 지역을 순회하는 채찍질 고행 행렬이 줄을 이었다.

흑사병과 성인 세바스티아누스를 연결해 준 핵심 고리가 바로 화살이었다. 천상의 신이 내린 흑사병은 하늘에서 비처럼 쏟아지는 화살처럼 보였고, 온몸에 화살을 맞고도 살아남은 성인 세바스티아누스는 흑사병을 물리쳐 주는 수호성인으로 부상할 수 있었다. 그렇게 흑사병, 화살, 성인 세바스티아누스는 르네상스 시대 회화의 단골 주제가 되었다. 팔레르모에 있는 〈죽음의 승리〉라는 그림에서는 해골이 뼈만 앙상한 말을 타고 사람들에게 무차별적으로 화살을 날린다. 15세기 말 프랑스 화가 조스 리페랭스가 그린 〈역병 희생자를 위해 탄원하는 성인 세바스티아누스〉의 아랫부분에는 역병으로 사망한 사람을 흰 천으로 싸서 옮기고 있고 그 과정에 다시 사람이 쓰러져 죽는 참혹한 광경을 볼 수 있다. 그림의 윗부분, 즉 천상에서는 몸에 열 개 이상의 화살을 맞은 성인 세바스티아누스가 하느님께 두 손을 모아 간절히 탄원하고 있다.

19세기 말에 가서야 흑사병이 페스트균이라는 박테리아가 검은쥐와 같은 설치류에 서식하는 벼룩을 통해 인간에게 감염된다는 사실을 알게 되었다. 실제로 19세기까지도 숱한 목숨을 앗아간 결핵은 낭만주의 소설에서 천한 육체를 분해해 고상한 인격을 완성하는 수단으로 미화되기도 했지만 무모하고 육감적인 사람들이 열정을 해소하지 못해 생긴 병으로 비난받기도 했다. 그러나 카프카Franz Kafka는 1917년 평생의 친구였던 브로트Max Brod에게 보낸 편지에서 결핵은 그다지 특별한 질병도 아니고 특별한 이름으로 불릴 만한 질병도 아니며, 그저 죽음 자체를 좀 더 재촉하는 세균일 뿐이라고 말했다. 수전 손택Susan Sontag은 자신의 책《은유로서의 질병》에서 질병을 신의 징벌이나 도덕적 타락의 결과로 바라보는 오래된 인식에서 벗어나자고 조언했다. 어쨌든 전염병에 대한 무지와 그로 인한 편견이 사라지게 된 것은 의학이 발달하면서다. 이제 전염병을 신의 징벌이나 도덕적 타락이라 생각하는 사람은 드물다. 현대인은 더 이상 성인 세바스티아누스를 보며 병이 치유되기를 바라지 않으며 세바스티아누스에 대한 기억도 그와 더불어 희미해졌다. 이제 그가 누구인지를 아는 이도 드물다. 오직 역사만이 흑사병 시대의 간절한 염원을 기억할 뿐이다.

중세 유럽인들의

이상한 뼈 사랑

중세 유럽 기독교 사회에서 볼 수 있는 이상한 관행 중 하나는 남다른 뼈 사랑이다. 당시 사람들은 수많은 성인聖人을 만들어 냈고 그들의 유해 즉 성인의 뼈를 숭배했다. 성인의 유골은 교회가 갖추고 있어야 할 필수 품목이었고, 법정에서는 서약을 하는 데 사용했으며, 전쟁에서는 승리를 가져다주는 행운의 부적 역할도 했다. 그레고리우스 대교황은 이교 신전을 개축해 만든 새 교회에 성 유골을 안치할 것을 명했다. 프랑크왕국의 카롤루스대제는 모든 서약은 교회 안에서나 성 유골에 해야 한다는 칙령을 반포했다.

성 유골의 인기가 높아지고 수요가 증가하자, 성 유골 도굴과 도둑질이 성행했다. 초서의《캔터베리 이야기》에 나오는 일화처럼 돼지 뼈를 성 유골로 속여 판매하는 일도 벌어졌다. 위계가 높은 성인의 뼈를 확보하려는 경쟁이 치열했고 성인의 유골을 훔치는 행위는 비난받고 법적 처벌을 받아야 할 범죄가 아니라 '거룩한 도둑질'로 미화되었다. 중세 최고의 거룩한 도둑질은 9세기 초 베네치아 상인들이 이집트 알렉산드리아에 있는 산마르코의 유해를 훔쳐 베네치아로 가져온 사건이었다. 이후 베네치아인들은 이 거룩한 도둑질을 정당화하고 미화하기 위해 믿기 어려운 기적들로 가득한 성 유골 이전 신화를 지어냈다.

이처럼 중세 기독교인들이 뼈에 집착한 것은 성인의 유해가 기적을 행한다고 믿었기 때문이다. 그뿐만 아니라 성 유골을 만지면 향기를 내뿜고 성인이 말을 걸어오기도 한다고 생각했다. 교회 입장에서 성 유골은 재정 수입원이었다. 신앙심 깊은 신자들은 성 유골을 보유하고 있는 교회와 수도원에 아낌없이 기부를 했다. 10세기에는 건축비를 조달하기 위해 성 유골을 들고 지역을 순례하는 관행까지 등장했다. 중세 후반에는 성 유골을 순례하고 참배하는 사람들에게 면벌부免罰符를 부여했다.

성 유골의 높은 인기와 수요 때문에 죽은 후 신체를 온전히 보존하기 어려운 사건이 발생하기도 했다. 평생을 십자군에 헌신한 프랑스 왕 루이 9세는 사후에 성인으로 추대될 것이라는 소문이 파다하던 인물이었다. 실제로 1270년 루이 9세가 자신의 마지막 십자군 원정지인 북아프리카 튀니스에서 사망하자, 그의 유해를 차지하기 위한 치열한 공방전이 벌어졌다. 남부 이탈리아의 왕이었던 동생 샤를이 튀니스에서 가까운 팔레르모로 시

산마르코의 유해 이송을 표현한 그림

신을 옮기자고 제안했지만, 아들인 필리프 3세가 이 제안을 거절하면서 아버지의 유해는 조상들이 묻혀 있는 생드니에 안치해야 한다고 주장했다. 정치적 정당성과 종교적 권위를 전유하기 위한 싸움이었다. 최종타협안은 동생이 형의 살을 차지하고, 아들이 뼈와 심장을 가지는 것이었다. 포도주를 넣은 물에 시신을 삶아 살과 뼈를 분리해서, 살은 단지에, 뼈는 성 유골함에 넣었다. 심장은 조심스럽게 분리해 향유와 방향제를 뿌리고 아마포로 쌌다. 이처럼 성 유골에 대한 숭배 전통 때문에 루이 9세는 죽어서 자기 몸을 온전한 상태로 유지할 수조차 없었다.

잠자리까지

통제한 사회

헉슬리Aldous Leonard Huxley의 소설 〈멋진 신세계〉에서는 남녀 간 사랑이 아무런 도덕적 윤리적 법적 제약을 받지 않는다. 같은 사람과 오래 사귀거나 한 사람만을 사랑하는 행위는 오히려 이상한 행동으로 취급받는다. 매일 새로운 상대와 만나고 관계를 가지는 것이 자연스러운 관례인 헉슬리의 〈멋진 신세계〉는 너무 파격적이어서 아직은 우리 사회가 수용하기 어려워 보인다. 〈멋진 신세계〉에서의 성은 역사 속에서 성을 오랫동안 억압해 온 것을 뒤집어보기 위한 과감한 상상일 것이다.

유럽 역사에서 성을 특히 더 억압했던 시대는 중세였다. 중세 기독교의 가르침에 따르면 음욕은 구원받지 못하고 지옥으로 떨어지게 만드는 7죄 중 하나였고, 성욕은 자연스러운 생리적 욕구가 아니라 철저하게 단죄해야 할 육체적 죄악이었다. 중세 교회가 성을 억압하는 태도를 고수한 핵심 이유는 성행위가 원죄의 결과라는 인식 때문이었다. 기독교 초기 교부들은 이러한 개념을 체계화시켰고, 아우구스티누스는 성행위를 통해 원죄가 전달된다고 주장했다. 성행위는 죄를 뉘우치는 마음으로 슬프게 해야 하는 행동이었다.

중세 의학 또한 성행위가 건강에 해롭다는 해석을 내놓으면서 성 억압에 동참했다. 이런 상황에서 11~13세기 성행위가 건강 유지에 좋다고 이야기하는 이슬람 의학서가 라틴어로 번역돼 기독교 사회에 소개되면서 파장을 불러일으켰다. 영국의 작가 초서는 이 의학서를 라틴어로 번역한 11세기 말의 콘스탄티누스 아프리카누스를 '저주받을 수도승 놈'이라고 비난했다.

중세 교회가 성을 강력하게 통제하려 했던 사실은 성직자들이 일반 신도들의 일상생활과 도덕 문제를 계도하는 데 활용했던 《고해신부대전》에서도 잘 드러난다. 이 책에서 가장 많은 지면을 할애한 항목이 바로 성 문제였고, 그만큼 고해신부는 이 문제에 대해 잘 알고 있어야 했다. 잠자리는 시시콜콜한 부분까지 교회가 통제해야 할 대상이었다. 교회는 관계를 가질 수 있는 날과 방식까지 규제했다. 축일과 금식일, 일요일, 월경과 임신 기간, 수유 기간, 출산 후 40일 등의 기간에는 성행위가 금지되었다. 7세기 축제일이 273일 정도였던 점을 고려하면 중세 부부에게 허용된 평균 성행위 횟수는 일주일에 한 번꼴도 되지 않았다. 시간뿐만 아니라 체위 또한 규제의 대상이었는데 오늘날 '선교사 체위'라

히에로니무스 보스,
〈일곱 가지 죄악과
사말(四末)〉, 1485,
프라도미술관 소장

고 부르는 형식만 허용했다. 물론 성행위는 합법적인 부부간에만 허용되었고, 그 경우에도 쾌락이 아닌 재생산을 목적으로 해야만 가능했다. 중세 후반 이탈리아에서 최고의 인기를 누렸던 시에나 출신의 설교자 베르나르디노는 "부부가 함께 절정에 도달하고서도 아이를 갖지 않는 경우가 있는데 여러분은 바로 그때마다 죽을죄를 짓는 것입니다"라고 설파했다.

지금 생각해 보면 참으로 우스꽝스러운 일이 아닐 수 없다. 하지만 한때 이런 사회가 있었다는 것을 알 필요가 있다. 이는 성 문제에 국한하지 않고 더 나아가 사상, 성향, 지향 등에서 개인의 선택을 존중하고 차이를 인정해야 한다는 것이다. 종교의 이름으로든 정치의 이름으로든 윤리의 이름으로든 어느 누구도 그런 간섭을 다시는 할 수 없도록 경계하기 위해서다. 개인의 사생활을 존중하고, 이를 공적인 영역과 엄격하게 구분하는 것이 바로 근대성이다.

성욕은

죄악이다

오늘날 많은 사람이 이슬람은 여성을 차별하고 성에 대해 매우 엄격한 윤리와 도덕을 강요하는 반면 기독교는 이런 문제들에 대해 좀 더 개방적인 입장을 견지한다고 생각한다. 이슬람에 대한 오해와 편견에서 나온 것이다. 오랜 역사 속에서 성을 바라보는 두 종교의 입장은 시대별로 달랐다.

중세 기독교 세계와 비교해 이슬람 세계는 성을 연구하고 논의하는 데 상대적으로 금기가 적었다. 특히 아랍 의서들은 규칙적인 성행위가 신체 건강을 유지하는 데 매우 중요한 요소라고 강조했다. 중세 이슬람 세계를 대표하는 의사였던 이븐시나는 자신의 저서《의학정전》에서 성행위에 대한 자세한 가르침을 제시했다. 튀니지 출신의 의사 이븐 알 자자르는 생강이 성욕과 생식 능력을 증가시키고, 정자 생성을 촉진하며, 쾌락 시간을 연장하는 데 큰 도움을 준다면서 생강을 최고의 최음제로 추천했다. 051

13세기 카이로 출신의 의사 알 티파쉬는 생강뿐만 아니라 시나몬과 정향도 정력을 강화해 두 번 연속으로 성행위를 할 수 있게 해 준다고 설명했다. 십자군 시절 이슬람의 영웅적 전사였던 술탄 살라딘의 조카는 유대인 의사 마이모니데스에게 성에 관한 책을 저술해 달라고 요청했고, 마이모니데스는 책의 서문에 술탄이 체력이 떨어져 정력을 강화할 필요가 있어서 이 책을 쓰게 되었다고 솔직하게 밝히기까지 했다.

11~12세기 아랍어로 된 의학 서적들이 라틴어로 번역됐는데, 그 내용 중에 성행위에 관한 부분은 유럽 기독교 사회에 큰 반감을 불러일으켰다. 12세기 클뤼니수도원의 원장이었던 피에르는 부부의 활발한 성생활을 찬성하는 이슬람교의 방침에 분노하기까지 했다. 그는 이슬람의 일부다처 관습이 무함마드가 신도들을 모으고 본인의 육욕을 만족시키려고 만든 제도라고 비난했다. 술탄 살라딘과 역사적 회합을 가졌던 영국의 사자심왕(the Lionheart) 리처드는 성직자들로부터 성적 타락에 빠져 있다는 비난을 받았다.

중세 교회가 신도들의 일상생활에서 가장 혹독하게 단죄하고자 했던 것은 성윤리였다. 교회가 성욕을 얼마나 철저하게 억누르고자 했는지는 한 성직자의 기도문에 잘 드러난다.

"슬프고 가엽게도 내 영혼을 갈기갈기 찢어 놓고 괴롭히면서 나를 늘 따라다니는 악 중의 악이 하나 있습니다. 그것은 배 요람

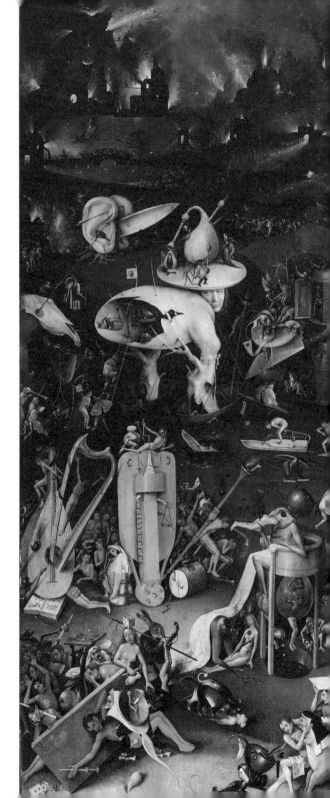

히에로니무스 보스,
〈세속적인 쾌락의 정원〉중
'지옥', 1480~1505,
프라도미술관 소장

에서부터 함께 하더니, 유년기며 사춘기며 청년기에도 나와 함께 자라면서 항상 나에게 달라붙어 있으며, 내가 늙어 사지가 쇠약해 있는 지금에도 나를 떠나지 않습니다. 그 악이란 놈은 성욕이며 육체적 쾌락이며 육욕의 폭풍을 말합니다. 이놈은 내 불행한 영혼을 뭉개고 난타하여 모든 기력을 앗아 가니, 나에게 남아 있는 것은 허약함과 공허함뿐입니다."

불임은 악마의
계략

불임에 관한 논문을 쓴 적이 있다. 중세 말 이탈리아 상인 프란체스코 다티니와 그의 아내 마르게리타가 겪는 불임에 관한 이야기였다. 프란체스코는 1335년경 피렌체 옆 작은 도시 프라토의 평범한 평민 가정에서 출생했다. 일찍이 흑사병으로 부모를 여의고 얼마 되지 않은 돈을 가지고 당시 교황청 소재지였던 아비뇽으로 가서 장사를 시작했다. 매우 운이 좋았던 프란체스코는 40세 무렵 아비뇽에서 막대한 돈을 벌고, 피렌체에서 아비뇽으로 피난 온 귀족 가문 출신의 16세 소녀 마르게리타를 아내로 맞기까지 했다. 평민 출신 프란체스코가 귀족 여성과 결혼할 수 있었던 이유는 마르게리타의 아버지가 피렌체의 정쟁으로 처형되고 가족은 고향에서 추방되어 가난한 유배 생활을 하고 있었기 때문이다. 귀족 신분 마르게리타는 남편에게 젊음과 명예를 제공하고, 부유한 상인 프란체스코는 아내에게 풍족한 생활을 제공했다. 어쩌면 이러한 이유로 프란체스코는 처가로부터 지참금을 한 푼도 받지 않았을지도 모른다. 나이와 신분에서 상당한 차이가 있었지만, 이런 종류의 결혼이 당시에 그렇게 예외적이지는 않았다. 하지만 이들 부부의 결혼 생활은 그렇게 순탄하지는 않았다. 평생 마르게리타를 괴롭혔던 문제 중 하나가 바로 불임이었다. 불임은 부부 갈등의 심각한 원인이었고, 결혼 생활을 악화시키곤 했다.

프란체스코 부부의 불임을 연구하면서 밝히고자 했던 것은 불임을 바라보는 중세 말 이탈리아 도시민들의 인식이었다. 즉 그들이 불임을 어떻게 이해하고 대처했는지를 밝히는 것이었다. 그런데 유럽사를 전공하는 아내가 큰 성과를 얻기 힘든 논문이 될 것 같다고 걱정했다. 그 이유는 연구를 해 보지 않아도 결론이 빤히 예상된다는 것이었다. 한마디로 전통사회에서는 대개 불임을 여성의 탓으로 돌렸을 것이기 때문에, 새로운 연구 성과를 크게 기대하기 어렵다는 이유였다. 사실 그러했다. 아이가 생기지 않는 부부의 경우 여성에게 그 책임을 전가하고, 불임으로 낙인찍힌 여성은 모든 종류의 사회적 비난과 불이익을 감수해야 했다. 조선 사회에서도 불임은 전적으로 여성의 잘못이었고, 칠거지악 중 하나였다. 불임의 원인을 과학적으로 이해하고 대응할 의학 지식과 성 평등 의식이 없었던 것이다.

중세 유럽 기독교는 불임을 의학적 관점에서 합리적으로 설명하기보다는 신의 저주, 원죄의 결과, 악마의 소행이라는 종교적 관점에서 이해하고 비난했다. 생육하고 번성하여 땅에 충만하라는 창세기 속 가르침 때문에 다산은 축복으로 이해되는 반면 불임은 신이 내린 저주나 처벌로 여겨지곤 했다. 구약에서 단 한 번 불임을 처벌의 의미로 사용했음에도 불구하고, 중세 교회는 불임이 원죄에 대한 처벌이라고 가르쳤다. 예를 들어, 토마스 아퀴나스는 불임을 사악한 죄악(malum)으로 묘사했으며, 신의 형벌이라고 말했다. 그는 신성한 결혼 생활을 위반한 결과가 불임이라고 생각했으며, 신성모독이나 간통과 같은 행위가 불임을 일으킨다고 믿었다. 중세 후기 이탈리아 예술작품과 문학작품에도 비슷한 내용이 있다. 지옥의 공포를 심어 주는 최후의 심판 그림에서 불임은 종종 원죄와 관련된 것으로 묘사된다. 이러한 시각 때문에, 성모마리아의 자궁은 속죄의 수단으로, 불임은 악마의 소행으로 그려졌다.

많은 성직자와 신학자도 불임이 악마나 마녀의 소행이라고 목소리를 높였다. 9세기 랭스대성당 대주교 힝크마르는 악마의 도움을 받은 마녀가 아이를 갖지 못하도록 방해한다고 말했다. 14세기 프랑스 신학자 피에르 드 팔뤼드는 임신을 방해하는 악마의 다섯 가지 술책을 다음처럼 설명했다. 첫째, 악마는 신체 접촉을 막는 능력이 있어, 남자와 여자가 신체적으로 서로 가까워질 수 없게 만들 수 있다. 둘째, 악마는 성적 욕구를 자극할 수도 식어버리게 만들 수도 있다. 셋째, 악마는 남자의 상상력을 혼란시켜

프란체스코 마리아 구아조, 《마녀를 심판하는 망치》 중 목판화, 1628
마녀가 악마에게 선물을 주고, 여성을 붙임으로 만들고, 악마 앞에서 원을 그리고
서 있으며, 동물로 변하는 모습.

남자가 여자를 싫어하게 만들 수 있다. 넷째, 악마는 남자가 발기할 수 없게 만들 수 있다. 다섯째, 악마는 정액의 흐름을 막을 수 있다. 15세기에 활동한 유명한 설교자 장 롤랭도 불임의 일곱 가지 이유를 들어 악마와 마녀가 번식을 방해한다고 말했다. 불임을 악마의 소행으로 보는 관점은 교황 인노켄티우스 8세의 1484년 칙서를 통해 공식적으로 인정됐다. 그 칙서에서 교황은 "악마는 남성이 자식을 보는 것과 여성이 임신하는 것을 방해해 결혼의 결실을 이루지 못하게 한다"라고 선언했다.

15세기 말 도미니쿠스 수도회 소속 사제였던 하인리히 크라머와 야코프 슈프랭거는 자신들의 책 《마녀를 심판하는 망치(Malleus Maleficarum)》에서 최고 등급의 마녀가 행할 수 있는 해악들을 다음과 같이 열거한다.

"그들은 첫째 우박과 폭풍과 악천후를 부르고, 둘째 사람과 가축에게 불임을 일으키며, 셋째 자신이 잡아먹지 않은 아이를 악마에게 바치거나 살해한다. 만약 다시 태어난 아이들까지 먹어 치운다면 그것은 오직 신의 묵인하에서만 그렇게 할 수 있을 것이다. (중략) 아홉째 생식 능력과 성교 능력을 빼앗을 수 있다. 열째 유산을 일으킬 수 있다."

이들의 주장에 따르면 마녀는 아이를 못 가지게 할 뿐만 아니라 유산을 하게 만드는 대단한 능력을 가지고 있었다. 이처럼 교황, 성직자, 신학자, 설교자 들이 불임을 악마의 계략이라고 설파하는데 중세 유럽 일반 기독교인들이 자신들보다 학식과 지위가 높은 이들의 설명을 믿지 않을 수가 있었겠는가? 게다가 임신과 불임이 어떤 생물학적 과정을 거쳐 일어나는지에 대한 지식이 없는 당시 사람들에게는 이 개인적 불행을 설명할 수 없었기 때문에 악마의 계략이라는 초자연적 존재의 탓으로 돌리는 것이 편리했을 것이다.

그러나 다티니 부부의 불임에 관한 자료를 조사하면서 연구 초기에 예단했던 것과는 달리 불임을 바라보는 중세 말 유럽 기독교인들의 인식이 상당히 다양했다는 사실을 알게 되었다. 악마의 소행이라는 종교적 사고부터 치료해야 하는 질병이라는 의학적 해석까지 여러 생각들이 혼재했다. 다티니 부부, 친인척과 지인 들은 다티니 부부의 불임을 마르게리타가 지은 죄로 인한 신의 벌과 저주 또는 악마의 사악한 주술로 인해 발생한 것으로 생각하지 않았다. 그들은 불임을 치료할 수 있는 병으로 생각하고 부부에게 여러 조언을 아끼지 않았다. 그렇다고 이러한 방법들이 의학적으로 효과가 있지는 않았지만 말이다.

어쨌든 다티니 부부는 불임을 해결하려고 다양한 시도를 했다. 우선 볼로냐, 파도바, 살레르노 의과대학에서 학위를 받은 전문 의사들에게 처방전과 조언을 받았다. 당시 의사들은 특정 체질이나 신체적 결함이 불임을 일으킨다고 생각했다. 13세기 후반 볼로냐대학에서 의학 교수로 활동했던 굴리엘모 다 살리체토는 자신의 책《건강 유지와 치료 총론》에서 임신을 어렵게 하는 열두 가지 요소를 열거했다. 여성은 너무 살이 찌거나 마른 경우, 안색이나 혈색이 너무 뜨겁거나 차가운 경우, 자궁이 너무 매끄럽거나 자궁에 출혈 또는 염증이 있는 경우 아이를 갖기 어렵다. 남성은 성기가 너무 크거나 작거나 혹은 다소 결함이 있는 경우 임신시키기 어렵다. 살리체토는 과도하게 뜨겁거나 차가운 기질이 여성의 자궁이 아이를 갖기에 안정적이지 못한 체온을 만들어 낸다고 지적했으며 체온을 정상으로 만들 수 있다면 임신이 가능할 것이라고 충고했다. 그러므로 아이를 갖기 위해서는 본인과 반대되는 체질의 사람을 배우자로 선택하는 게 좋으며, 부부가 이를 알지 못하고 결혼한다 해도, 남성보다는 여성의 체질을 바꾸는 게 더 쉽다고 생각했다. 불임이 여성뿐 아니라 남성의 문제에서도 기인할 수 있다고 지적한 살리체토는 시대를 앞서간 의사였다고 말할 수 있을 것이다.

마르게리타는 언니가 얻어다 준 민간요법의 하나였던 찜질 약과 고약을 몸에 바르기도 했다. 또한, 부부는 불임 치료에 온천이 좋다는 조언을 듣고 실제로 먼 곳에 있는 온천에 다녀오기도 했다. 미신과 주술적 방법도 활용했는데, 동정남이 찼던 혁대에 주문을 새겨 마르게리타의 배에 두는 것이었다. 게다가 그녀는 약을 먹을 때 신을 찬미하고, 성모를 세 번 찬송하고, 삼위일체와 성녀 카테리나의 이름을 암송했다. 다티니 부부는 불임을 치료하기

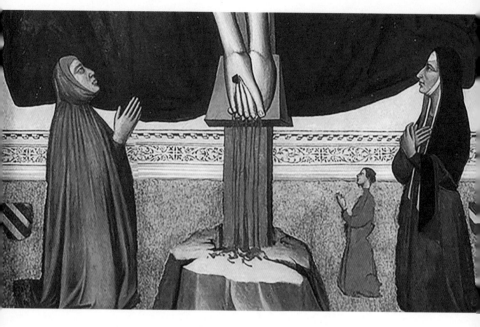

니콜로 디 피에트로 게리니, 〈기도하는 다티니 부부〉

위해 의학적 치료, 민간요법, 주술적 방법, 종교적 기도 등 활용할 수 있는 모든 방법을 활용하려고 노력했다.

다티니 부부의 불임 연구를 통해 얻은 결론 중 하나는 이들을 포함한 당시 이탈리아 도시민들이 불임을 신의 저주나 원죄의 결과, 악마의 소행이라는 비합리적이면서 종교적인 믿음을 공유하지 않았다는 점이다. 이는 중세 말 이탈리아 도시의 의학 덕분이었을 것이다. 물론 오늘날 의학과 비교하면 당시 의학 수준은 매우 낮았지만, 어쨌든 피렌체와 같은 이탈리아 도시 거주민들은 당시 유럽 최고 수준 의사에게 진료와 처방을 받을 수 있었고, 그러한 환경 덕분에 기초 의학 지식을 습득할 수 있었다. 그래서 불임을 좀 더 합리적으로 이해하고 그에 대한 해결책을 찾으려고 노력할 수 있었다.

전염병이나 불임과 같은 자연현상과 불행을 종교적 관점이 아니라 과학적 관점에서 이해하게 된 것은 인류가 이룩한 진보이자 혁신이었다. 그런 점에서 인류의 도덕적 진보는 종교가 아니라 이성과 과학의 힘이었다는 마이클 셔머Michael Shermer의 지적은 조금 과한 면이 있지만, 완전히 틀렸다고 말할 수 없을 것이다.

063

중세라는
이상한 세계

불의

심판

중세 유럽 사회에서는 특이한 방식의 심판 관행이 있었다. 1340
년 프란체스코라 불리는 한 수도사가 남긴 기록에 따르면 프랑스
왕위를 두고 선왕의 외종질인 영국 왕 에드워드 3세가 선왕의 6
촌 남계 형제인 필리프 드 발루아에게 전쟁 없이 왕위 계승 분쟁
을 끝낼 수 있는 세 방안 중 하나를 선택하라고 제안했다. 첫 번째
는 무기를 들고 결투를 하는 것이었다. 두 번째는 진정한 프랑스
의 왕들이 관행적으로 해 왔던 것처럼 병자를 치료하는 능력을
보여 주는 것이었다. 세 번째는 굶주린 사자 앞에 나서는 것이었
다. 이 마지막 방안은 만약 필리프가 진정한 프랑스 왕이라면 사
자도 그를 알아보고 해치지 않을 것이라는 믿음에 근거했다.

　오늘날의 기준에서 보면 두 번째와 세 번째 방안은 터무니없
어 보인다. 하지만 당시 사람들은 그렇게 이상하게 여기지 않았

다. 세 번째 방안은 중세 유럽에서 자주 활용되던 일종의 신명神

明 재판이었다. 불, 물, 독 등을 사용해 피고에게 육체적 고통이나 시련을 가하고 그 결과에 따라 죄의 유무를 판단하는 재판이다. 마녀로 지목된 사람을 물에 집어넣어 가라앉으면 무죄, 떠오르면 유죄라고 판정한 사례가 대표적 신명 재판이었다. 그러나 무죄면 물에 빠져 죽고 유죄면 다시 화형을 당했기 때문에 죽기는 매한가지였다.

15세기 말 이탈리아 피렌체에서도 불에 의한 신명 재판이 벌어졌다. 이 재판 관련 주요 당사자는 도미니쿠스 수도회 소속 수도사였던 사보나롤라였다. 때론 광적일 정도로 열렬한 설교로 대중의 마음을 사로잡았던 그는 1494년 이후 4년간 피렌체 정치를 사실상 주도했다. 그사이에 교황 알렉산드르 6세를 신랄하게 비판했고, 1497년에는 피렌체 시청 광장에 가발, 거울, 도박 카드, 악기, 책, 그림, 조각 등을 쌓아 놓고 허영의 화형식을 거행했다.

이 화형식에 감동의 눈물을 흘린 피렌체 시민들도 있었지만 반대의 목소리가 높아지기 시작했다. 가장 강력한 반격은 프란체스코 수도회로부터 나왔다. 당시 두 수도회는 사사건건 부딪치는 영원한 앙숙으로 소문이 자자했다. 피렌체 산타크로체성당에서 설교를 하던 프란체스코 수도회 수도사 프란체스코 다 폴리아가 교황에 대한 사보나롤라의 불복종이 정당한지, 사보나롤라가 진정 하느님의 예언자인지를 가리기 위해 불의 심판을 하자고 제안

작자 미상,
〈화형을 당하는 사보나롤라〉, 1650,
산마르코국립박물관 소장

했다. 물론 자신도 불 속을 직접 통과하겠다고 약속했다. 사보나롤라의 제자였던 도메니코 부온비치니는 프란체스코의 도발을 기꺼이 받아들였다. 하지만 문제는 양 교단에서 누가 이 위험천만한 불의 심판을 감수하느냐는 것이었다. 왜냐하면 사보나롤라는 자신이 직접 불 심판을 받고 싶어 하지 않았기 때문이다. 처음 불의 재판을 제안했던 프란체스코도 자신보다 낮은 지위의 도메니코를 상대하지 않겠다며 발을 뺐다. 결국 핵심 당사자였던 프란체스코와 사보나롤라는 모두 빠지고 그들보다 낮은 지위의 도메니코와 프란체스코 수도회 소속 수도사 줄리아노 론디넬리가 불의 심판을 받기로 결정되었다. 그리고 1498년 4월 7일 마침내 시청 광장에 장작더미로 만든 불의 길이 설치되었다.

이 불의 심판은 세부적인 재판 절차에 관해 계속 논란이 이어지고, 급기야는 비까지 내리면서 사실상 무산되었다. "신께서는 불의 심판을 원하지 않으신다"라는 목소리가 터져 나왔지만, 불의 심판을 기대했던 사람들은 실망과 분노를 사보나롤라에게 돌렸다. 분노한 군중을 피해 도망갔던 사보나롤라는 결국 체포되어 감금되었고, 스트라파도strappado(손을 뒤로 해서 가죽으로 묶은 다음 공중으로 들어 올려 떨어뜨리는 도구)라 불리는 끔찍한 고문을 당하자 자신의 말이 다 거짓말이라고 말하지 않을 수 없었다. 그는 1498년 5월 23일 시청 광장에서 화형을 당했다.

이처럼 중세 유럽 사회에서 죄의 유무를 가리고 정의를 실현 067

하는 한 방편이었던 신명 재판은 현재의 우리에게는 너무나 낯설고 비합리적이다. 하지만 역사의 시간을 미래로 확장해 보면 우리가 사는 현재의 세계 또한 수세기 후의 후손들에게는 낯설고, 재판 역시 정의롭지 못해 보일지도 모르겠다.

기적을 행하는

왕

흔히 서양 중세는 암흑시대로 알려져 있다. 르네상스 시대의 인
문주의자들은 중세를 고대 문명의 찬란한 빛이 사라진 시대로 보
았고, 이러한 관점은 과학혁명과 계몽주의 시대에 더욱 확고하
게 자리 잡았다. 계몽주의 철학자들에게 중세는 이성으로 타파할
무지, 야만, 몽매, 폭력의 시대였다. 서양 중세 사회에는 어둠만
이 아니라 빛도 있었다는 해석은 19세기 이후 나타났다. 그렇더
라도 현대인의 시각에서 보면 서양 중세는 여전히 너무나 낯설고
이해하기 어려운 사회다.

중세 사회에 관한 '놀라운' 이야기 중 하나는 프랑스와 영국의
왕들이 연주창連珠瘡 환자를 손으로 만져서 치료할 수 있다는 집
단적 믿음이다. 프랑스의 카페왕조는 11세기부터, 영국의 노르
만왕조는 12세기부터 이 기적의 치료를 시행했다. 사실 왕이 기
적의 치료를 한 것이 아니라 사람들이 치료되었다고 믿었다. 연

주창은 결핵균이 목 부위에 염증을 일으키는 병이다. 병 자체는 치명적이지 않았지만, 치료하지 않으면 고름이 생기고 얼굴 전체에 퍼져 모습이 너무 흉했다. 실제로 당시 기록에는 얼굴이 썩었다거나 상처가 썩은 냄새를 풍긴다는 표현이 많다. 하지만 이 병은 자연적으로 상태가 호전되거나 없어지는 경우가 있었기 때문에, 기적을 행하기에 안성맞춤인 병이었다. 그런 연유로 사람들이 왕의 손 대기가 병을 고쳤다고 착각하기 쉬웠다. 게다가 사람들은 치료가 되면 왕의 치료 덕분이고, 그렇지 않으면 환자의 신앙심이 부족한 탓이라고 생각했다.

중세 프랑스와 영국의 왕들은 이 기적의 치료를 정기적으로 시행함으로써 신성한 의례로 만들었다. 치료 행위는 "왕이 너를 만지고 신이 너를 치료한다"라면서 성호를 긋는 것이 전부였다. 오늘날 기준에서 보면 사이비 종교의 교주나 행할 법한 말도 안 되는 이 행사에 사람들이 몰려들었다. 프랑스 왕의 능력은 이웃나라 사람들에게까지 알려져, 1307~1308년 이탈리아 사람 열여덟 명이 프랑스 왕 필리프 4세에게 치료를 받기 위해 알프스를 넘어 험난한 여정을 감행했다. 영국 왕 찰스 2세는 1660년 5월부터 1664년까지 4년이 넘는 기간 동안 대략 2만 300명을 손 대기로 치료했다. '태양왕'으로 불리는 프랑스 왕 루이 14세는 1701년 5월 22일 삼위일체 축일 하루에 2400명이나 되는 환자를 손으로 만졌다.

손 대기로 연주창을 치료하는 프랑스 왕 앙리 4세

이런 이해하기 어려운 기적에 대한 믿음은 언제 어떻게 소멸했을까? 프랑스의 중세사가 마르크 블로크Marc Bloch는 자신의 저서《기적을 행하는 왕》에서 18세기 계몽주의 시대를 거치면서 왕의 손 대기 치료에 대한 믿음이 점진적으로 사라져 갔다고 말한다. 합리적이고 이성적인 사고가 늘어나면서 이런 기적이 설 땅을 잃어버리게 된 것이다. 계몽주의 시대가 되면서 왕의 손 대기 치료는 웃음거리가 되었다. 볼테르Voltaire는 〈풍속에 관한 시론〉에서 루이 14세가 자신의 정부 중 한 명이었던 수비즈 부인을 "많이 만졌지만 치료하지 못했다"라고 조롱했다. 하지만 계몽철학자들의 조롱에도 불구하고 연주창 치료는 19세기까지도 완전히 사라지지 않았다. 손 대기 치료를 한 마지막 프랑스 왕은 샤를 10세였다. 1825년 5월 31일 샤를 10세는 랭스에서 "국왕이 너를 만진다. 신이여, 이 사람을 치료해 주소서"라고 외치면서 130여 명의 연주창 환자를 손으로 만지는 행사를 거행했다. 이 마지막 손 대기 치료는 극우 왕당파들에게 열광적 지지를 받긴 했지만, 여론의 비웃음을 샀다. 올바른 정신을 가진 사람이라면 이런 것을 믿을 리가 없다는 것이었다. 베랑제라는 사람은 "새야, 기적을 행하는 왕이 모든 연주창 환자를 고칠 것이라고 하는구나"라면서 조롱하는 노래를 불렀다.

현대인들에게도 기적을 믿거나 바라는 마음이 완전히 사라진 것은 아니다. 예배를 보면 천국에서 신선한 공기가 내려와서 코로나19를 막을 수 있다고 말하는 사람들이 있고, 인도에서는 일부 힌두교 신자들이 '성스러운 소'의 오줌이 코로나19를 치료한다면서 마시기도 한다. 이처럼 기적을 바라는 마음은 그만큼 삶이 고단하고 힘들다는 방증이 아닐까.

중세라는
이상한 세계

종교재판을 받은

〈최후의 만찬〉

최후의 만찬은 예수께서 수난 전날 열두 제자와 함께한 마지막 식사로, 기독교 역사에서 매우 중요한 사건이다. 마태복음에 따르면 예수께서 열두 제자와의 마지막 식사 자리에서 '너희 가운데 하나가 나를 배신할 것이다'라고 말씀하신 후, 떡을 주시며 내 몸이고, 술을 주시며 내 피니 이를 받아 마시라고 하셨다. 최후의 만찬은 수많은 그림과 조각으로 제작되었으며, 기독교 7성사七聖事 중 하나인 성찬식의 근거가 되었다. 성찬식에서 빵과 포도주가 각기 예수의 몸과 피로 바뀐다는 성변화(transubstantiation) 교리가 나왔고, 이를 바탕으로 가톨릭에서는 오늘날에도 매주 성찬식을 행하고 있다.

최후의 만찬은 이후 유럽 역사에서 여러 이야기를 만들어 내는 원천이기도 했다. 댄 브라운Dan Brown의 소설 《다빈치 코드》는 레오나르도 다빈치가 그린 〈최후의 만찬〉을 모티브로 이야기를 전개한다. 기독교의 정통 해석과는 다르게 댄 브라운은 예수께서 최후의 만찬에서 자신을 이어 기독교 세계를 이끌 후계자로 베드로가 아니라 막달라 마리아를 지목했고, 거기에 더해 예수와 막달라 마리아 사이에 후손이 있었다는 소설적 허구를 만들었다. 소설은 이 비밀을 숨기려는 정통 교회와 성聖 가족의 후손을 지키려는 세력이 서로 쫓고 쫓는, 오랜 비밀의 역사를 풀어낸다.

최후의 만찬에 관한 또 다른 흥미로운 이야기는 1573년 당시 베네치아를 대표하는 화가 파올로 베로네세가 자신이 그린 〈최후의 만찬〉 때문에 이단 심문을 받은 사건이다. 베로네세가 이단 심문을 받게 된 구체적인 이유는 이 그림에 성서에 적합하지 않은 인물이 등장하고, 신성한 만찬 장면에 부적절하고 불경스러운 표현들이 담겨 있으며, 지나치게 세속적인 면들이 두드러진다는 것이었다. 코피를 흘리는 하인, 허리춤에 앵무새를 매단 어릿광대, 난쟁이, 개, 어리석은 사람들, 술에 취한 채 창을 든 두 명의 독일인 등이 문제의 원인이었다. 특히 독일인을 문제 삼은 것은 이들이 당시 독일을 중심으로 북유럽으로 확산되고 있던 루터파 개신교 신도라는 억지스러운 모함 때문이었다. 게다가 그림에는 양고기를 자르며 연회 분위기에 취해 있는 베드로, 그런 베드로를 지켜보는 술에 취한 성인, 포크로 이를 쑤시는 성인이 등장한다. 시시콜콜한 내용까지 조사한 이단 재판관은 베로네세에게 유죄를 선고하고 3개월 이내에 그림에서 개를 지우고 그 자리에 막달 075

파올로 베로네세,
〈레비가의 향연〉, 1573,
아카데미아미술관 소장

라 마리아를 그려 넣고, 작품의 제목을 〈최후의 만찬〉에서 〈시몬가의 식사〉로 바꾸라고 명했다. 하지만 베로네세는 이러한 명령을 비웃듯이 제목만 〈최후의 만찬〉에서 〈레비가의 향연〉으로 바꾸는 것으로 대응했다.

베로네세의 〈최후의 만찬〉이 이단 재판에 회부된 것은 어느 정도 예견된 일이었다. 1553년 베네치아 10인 위원회(14세기 초에 세워진 정부 기관으로 도제를 포함해 10인의 위원으로 구성되었으며, 공화국의 안전을 지키는 기본적 역할을 담당했지만 현실에서는 일종의 감찰 기관으로 막강한 권한을 행사했다)가 불온서적들을 모두 불사르라는 명령을 내렸기 때문이다. 15세기 말과 16세기 초반 베네치아가 유럽 제일의 인쇄 산업 중심지로 성장할 수 있었던 배경 중 하나였던 표현의 자유는 감시와 검열로 바뀌었고, 그 결과 베네치아 출판계는 암흑기를 맞게 되었다.

그리고
신의 이름으로

기도하는 자, 싸우는 자,

일하는 자

1776년 미국 독립선언서 작성자들은 성서의 창조 이야기에 근거해 "모든 인간은 평등하게 창조되었다는 진리를 자명한 것으로 여긴다"라고 선언했다. 18세기 말에서야 이런 선언을 한 것은 오랫동안 인간은 평등하지 않았음을 역설적으로 보여 준다. 실제로 기독교는 불평등한 신분제도와 이데올로기를 오랫동안 고수했다. 바울과 아우구스티누스는 노예제의 부당함을 인지하지 못했다. 그 대신 스토아철학자들처럼 노예들에게 자신의 도덕적 자유를 발휘해 노예 상태라는 역경을 극복하라고 촉구했다.

11세기 성직자들은 '세 위계'라 불리게 되는 불평등한 신분제도를 공식화했다. 《세 위계, 봉건제의 상상세계》의 저자 조르주 뒤비Georges Duby는 성직자들이 "기도하는 자, 싸우는 자, 일하는 자"로 구분되는 세 위계라는 신분제도를 만들어 내는 역사적 과정을 추적했다. 뒤비는 캉브레의 주교 제라르와 랑의 주교 아달베롱이 이 불평등한 신분제도를 체계화한 핵심 인물이라고 지적했다. 아달베롱은 1020년경 카페왕조의 로베르 경건왕에게 바친 송시에서 세 위계를 다음과 같이 설명한다.

"신자들의 사회는 하나의 몸만을 이룬다. 그러나 국가는 세 위계로 되어 있다. 인간의 법은 두 계급을 구분하기 때문이다. 즉 귀족과 농노는 사실 동일한 법의 지배를 받지 않는다…. 전자는 전사이자 교회의 보호자다. 이들은 강자이건 약자이건 모든 사람을 보호하고 또한 스스로의 안전을 보호한다. 또 다른 계급은 농노다. 이 불행한 족속은 자신의 노동을 통하지 않고서는 아무것도 소유할 수가 없다. 농노들이 쏟는 정성과 기나긴 여정과 가혹한 노동을 수판으로 헤아릴 수 있는 자가 있는가? 농노들은 돈과 옷과 음식을 나머지 사람들에게 제공한다. 농노가 없다면 자유민들은 결코 살아남지 못할 것이다. 할 일이 있는가? 누가 구태여 일을 하고 싶어 하겠는가? 우리는 왕과 사제들이 그들 농노의 농노가 되는 것을 본다. 농노를 먹여 살린다고 주장하는 주인은 농노에 의해 음식을 얻는다. 그러나 농노들은 그들의 눈물과 한숨의 끝을 전혀 알지 못한다. 사람들이 하나라고 믿는 신의 집은 따라서 기도하는 사람, 싸우는 사람, 일하는 사람의 세 부류로 나뉜다. 공존하는 이 세 집단은 분리되는 것을 허용하지 않는다. 한 편의 봉사는 다른 두 편의 활동 조건이 된다. 각자는 전체를 도울 책임을 지고 있다. 따라서 이 같은 삼분적인 집합체는 아무튼 통합되게 마련이며, 그래서 법이 승리하고 세계가 평화를 누릴 수 있었던 것이다."

불평등한 신분 이데올로기를 만든 이와 같은 성직자들에 따르면 태초부터 인류는 기도하는 자들, 싸우는 자들, 경작하는 자들, 이렇게 세 부류로 나누어져 있었고, 이러한 구분은 단순한 기능에 따른 분류를 넘어서 하나의 위계를 형성하고 신분 질서는 신이 만든 질서이기에 이에 반대하거나 저항하는 자들은 신의 뜻을 거스르는 대역죄인이 된다. 이렇게 만들어진 세 위계는 성직자와 기사 신분이 갖는 특권적 권리와 지위를 정당화하고, 평민의 절대 복종을 요구했다. 그러나 중세 성직자들과 신학자들이 만들어 낸 세 위계는 교리의 가장 중요한 원천인 성서에 근거하지 않았다.

유럽 역사에서 교회가 불평등한 신분 질서를 만들고 유지했다는 사실을 고려할 때 종교가 인간의 도덕적 진보에 기여한 바가 없다는 마이클 셔머의 신랄한 지적은 그리 틀린 말이 아닐 것이다. 모든 인간이 평등하다는 민주주의 원칙이 확고하게 자리 잡은 오늘날 사회에서도 인간은 여전히 여러 측면에서 불평등하다. 이제 신분과 계급을 대신해 돈과 부가 사람을 구분하고 차별하는 기준이 되었다. 피케티Thomas Piketty의 불평등지수가 커질수록 돈에 의한 인간 차별은 더욱 강화될 것이다. 인간 사회의 불평등을 완전히 없애는 일이 얼마나 어려우면 헉슬리는 미래의 상상

세 위계를 표현한 그림

세계인 〈멋진 신세계〉에서 인간을 인공 배양할 때부터 영양과 환경을 조정해 지적, 신체적 능력이 다른 인간을 창조해 냈다. 이렇게 신체적·정신적으로 차이 나는 인간이어야 서로의 차이와 불평등을 당연한 것으로 생각하고 이에 대해 이의를 제기하지 않을 것이라고 생각했던 것이 아닐까?

그리고
신의 이름으로

바야돌리드

논쟁

프랑스 출신의 극작가 장클로드 카리에르Jean-Claude Carrière는
《바야돌리드 논쟁》에서 16세기 중반 라스카사스 신부와 세풀베
다가 벌인 역사적 논쟁을 개연성 있는 문학작품으로 재탄생시켰
다. 이 작품은 영화로 만들어지기도 했다. 일명 바야돌리드 논쟁
이라 불리는 이 공방전에서 아메리카의 식민화, 아메리카 원주민
의 인권 등의 주제를 두고 두 논객이 치열한 논쟁을 벌였다. 이 작
품에서 갈등이 최고조에 이른 순간은 아메리카 원주민을 식민지
에서 바야돌리드 법정에 데리고 와서 그들이 유럽인과 동등한 대
우를 받을 수 있는 인간인지를 시험하는 장면이다. 원주민 여자
들이 유럽 남자들과 관계를 해서 수태를 할 수 있는지, 유럽인과
비슷한 인간인지, 하느님의 은총과 구원을 받을 만한 인간인지,
인간의 특성을 완전하게 갖춘 존재들인지, 고통·슬픔·감동 등의
감정을 느낄 수 있는지 등을 알아보는, 인간으로서 할 수 없는 야

만적인 테스트다.

　세풀베다는 인디오들은 큰 죄악에 빠져 있고, 간음하며 인육을 먹는 자들이고, 미성숙하고 예술 감각이 전혀 없는 천성적인 노예들이기 때문에 주인의 지배를 받는 것이 마땅하다고 주장했다. 《바야돌리드 논쟁》에서 세풀베다는 "노예 제도는 유구한 역사를 지닌 유익한 제도입니다. 천성에 따라 인간을 분류하는 원리에 합당하고 인류의 삶을 이어 나갈 수 있게 해 주는 제도죠. 그런 점은 역사에서 숱하게 확인할 수 있습니다. 노예들은 생명력의 보고입니다. 그들이 대를 이어 가며 엄청난 기여를 하기 때문에 창조주가 중요하게 여기시는 우월한 범주의 인간들이 삶을 보존할 수 있는 것입니다"라고 말하면서 노예제를 옹호했다. 한편, 라스카사스 신부는 아메리카 인디오도 이성을 가진 존재며, 무력을 사용하지 않고 개종시킬 수 있다며 인디오의 권리를 옹호했다. 라스카사스 신부는 에스파냐 정복자들이 원주민들에게 자행한 만행을 고발하는 기록을 남기기도 했다.

　바야돌리드 논쟁이 벌어진 시대 배경은 에스파냐 정복자들이 원주민을 가혹하게 학살하고 노예로 착취하는 등 잔혹한 식민화를 상징하는 '검은 전설(Black legend)'을 탄생시켰다. 에스파냐의 잔혹함과 불관용을 비난하며 검은 전설을 유포시킨 것은 에스파냐의 적국과 신교 세력이었지만 이 전설이 완전한 왜곡이나 과장은 아니었다. 물론 오늘날까지도 에스파냐는 검은 전설은 당시

089

에스파냐의 적들과 경쟁자들이 악의적으로 유포한 실체가 없는 흑색선전일 뿐이라고 반박한다. 하지만 강제 노동과 학대 그리고 유럽 정복자들과 함께 들어온 전염병으로 원주민 인구가 급감했다는 역사적 사실을 고려할 때 이러한 반박은 크게 설득력이 없어 보인다. 1550년 에스파냐 왕 카를 5세는 이 문제를 다루기 위해 위원회를 소집했고 이것이 바야돌리드 논쟁의 출발점이었다.

마침내 논쟁에서 라스카사스가 우세해지자, 세풀베다는 라스카사스 신부가 한때 흑인 노예를 부리는 것이 좋은 해결책이라고 공언했다면서 신부를 몰아세웠다. 이에 신부는 "저는 아프리카 사람들도 우리와 똑같은 인간이라고 단언합니다! 우리는 몇 세기 전부터 그들에 대해서 그릇된 생각을 해 왔습니다. 그들은 아담의 후손입니다. 그리스도의 죽음은 그들을 위한 것이기도 합니다"라고 반박했다.

《바야돌리드 논쟁》에는 역사적 사실과 소설적 허구가 섞여 있다. 그리고 슬프게도 실제 바야돌리드 논쟁은 논쟁의 결과와 상관없이 아프리카 흑인 노예를 수입해 인디오 노동력을 대신하는 사태를 가져왔다. 당시 유럽 기독교인들이 아메리카 원주민과 아프리카 흑인 노예를 자신들과 동등한 인간으로 생각하지 않았음은 분명하다. 18세기 미국을 건국한 초기 유럽 출신 백인들은 사이비 인류학을 이용해 아메리카 원주민과 아프리카인을 열등한 인간으로 취급했다. 게다가 500년이 넘게 지난 오늘날에도 여전

검은 전설을 표현한 그림

히 아메리카 대륙에서 원주민 후손들과 아프리카에서 강제로 끌려온 흑인의 후손들 대다수는 백인 후손들에 비해 상대적으로 가난하고 여러 불평등을 감내하면서 살고 있다.

판도라와

이브

2016년 출간된 소설 《82년생 김지영》은 2019년 영화로도 만들어졌고, 소설과 영화는 큰 사회적 반응을 불러왔다. 책을 언급하거나 추천한 여성 연예인들은 악성 댓글에 시달리기도 했고, 일부 남성들은 이 영화가 페미니즘 영화라고 공격했으며, 누군가는 영화를 보지도 않고 평점 테러를 가하기도 했다. 그 저변에는 여성을 비하하고 때론 혐오하는 인식이 깔려 있는 것 같다.

여성 비하와 혐오는 역사가 너무나 오래되었고 아직도 완전히 사라지지 않은 일종의 정신적 감옥이자 구조와 같다. 이런 인식은 유럽 역사의 기원까지 거슬러 올라간다. 유럽 역사에서 부정적 여성을 상징하는 대표 아이콘은 판도라와 이브다. 고대 그리스 시인 헤시오도스의 〈일과 날〉에 따르면 인간을 좋아하는 티탄족 프로메테우스에게 속은 제우스는 그에 대한 화풀이를 인간에게 했다. 제우스는 대장장이 신 헤파이스토스에게 진흙으로 불사의 여신들을 닮은 아름답고 사랑스러운 여성을 만들라고 명했고, 모든 신들은 그 여성에게 선물을 주라고 요청했다. 아테네는 그녀에게 고운 베를 짜는 법을 가르쳤고, 아프로디테는 매력을 선물했다. 미의 여신들은 그녀의 온몸을 황금 장신구로 꾸몄고, 계절의 여신들은 봄꽃으로 만든 화환을 선물했다. 제우스는 모든 신들로부터 선물을 받은 최초의 여성 판도라를 상자와 함께 프로메테우스의 동생 에피메테우스에게 보냈다. 제우스로부터 어떤 선물도 받지 말라는 형의 조언에도 불구하고 에피메테우스는 미모에 반해 판도라를 받아들였다. 판도라는 호기심을 이기지 못하고 제우스의 선물 단지를 열었고, 단지 속에서 이후 인간을 괴롭히게 될 질병·가난·슬픔·증오·전쟁 등의 모든 불행들이 뛰쳐나왔으며, 희망만이 단지 바닥에 남게 되었다. 그로써 판도라는 인간 삶의 모든 불행의 원천이 된 것이다.

고대 그리스가 판도라를 만들어 냈다면 기독교는 이브를 창조했다. 창세기에 따르면 신은 흙으로 아담을, 아담의 갈비뼈로 이브를 창조했고, 이들을 동쪽의 에덴동산에 살게 했다. 신은 아담과 이브에게 선과 악을 알게 하는 나무의 열매를 제외하고 모든 나무의 열매를 먹어도 좋다고 허락했다. 명을 어기고 선악과를 먹으면 죽게 될 것이었다. 하지만 이브는 뱀의 유혹에 넘어가 금단의 열매를 먹고, 그것을 아담에게도 주었다. 신은 명을 어긴 이들에게 벌을 내렸다. 뱀은 땅바닥을 기며 흙을 먹어야 했고, 남성들은 생존하기 위해 땀 흘려 노동해야 했고, 여성들은 출산의 고통을 겪고 자신을 다스릴 남성을 원하게 되었다. 그들은 동산에서 추방되었다.

이로부터 여성 차별과 혐오라는 긴 역사가 이어졌다. 2세기의 신학자 테르툴리아누스는 "너희는 악마의 관문이다. 너희는 그 나무의 봉인을 뜯은 자다. 너희는 신성한 법을 처음 저버린 자다. 너희는 악마가 용기가 없어 공격하지 못한 남성을 설득한 자다. 너희의 저버림 때문에 하느님의 아들도 죽어야 했다. 그런데도 너희는 피부라는 외피에 또 장식을 할 생각을 하는가?"라면서 원죄의 책임을 이브에게 돌렸다. 이렇듯 "아담이 속은 것이 아니라 여성이 속아 죄에 빠졌다"라는 이야기는 수백 년 동안 되풀이되었다. 중세 일부 신학자와 교회법학자 들은 "여성은 저주의 사실상의 원인이었다", "여성은 거짓말의 기원이었기 때문이다" 등 여성에 대한 격한 비난을 쏟아냈다. 한마디로 인간이 원죄의 고통을 짊어지고 낙원에서 추방된 것은 모두 이브의 잘못 때문이라는 것이다.

또 하나의 이브 죽이기는 여성이 남성보다 못하다는 것이었다. 중세의 위대한 교회철학자인 토마스 아퀴나스조차 여성은 우연히 생겨나 결함 있는 남성(vir occasionatus)이라고 말하면서 여성보다 남성이 하느님의 형상에 가깝다고 결론을 내렸다. 이브가 아담보다 늦게 만들어진 것, 그녀가 아담의 갈비뼈로 만들어진 것, 뱀의 유혹에 먼저 넘어간 것 등은 이브의 열등함을 보여 주는 근거로 거론되었다. 이에 따라 이단 재판관들은, 여성들은 영혼과 육체 모두에 결함이 있기 때문에 훨씬 쉽게 마법에 끌리고 악마와 계약을 맺으며 해악의 마법 행위를 한다고 말했다.

중세 말 베네치아 출신의 인문주의자 크리스틴 드 피장은, 여성은 악에 빠지기 쉽고 세상의 모든 죄악을 모아 담는 그릇이라 외치는 수많은 성직자·신학자·철학자·시인 들에 맞서 "오, 주님, 어떻게 이럴 수 있습니까? 그릇된 신앙에 빠지지 않고서야, 당신이 그 무한한 지혜와 완벽한 선하심으로 도무지 선하지 않은 것을 만드실 수 있다고 어떻게 믿을 수 있겠습니까? 당신은 친히 여성을 지으시고 당신이 보시기에 좋은 자질들을 갖춰 주시지 않았습니까? 어떻게 당신이 실수하실 수 있습니까? 그런데 다들 이렇게 여성을 고발하고 심판하고 정죄하는 것을 좀 보십시오. 저는 이런 모순을 이해할 수 없습니다"라고 외쳤다.

15세기 한 여성의 간절한 탄식이 600년이 지난 현재에도 모두 해소된 것 같지는 않다. 21세기에도 여성을 비하하고 혐오하는 이야기를 쏟아 내는 사람들이 있고, 나아가 남성과 여성을 나누고, 상대 성에 불쾌한 이미지를 덧씌우고 적대시하는 말과 행동을 계속하니 말이다. 크리스틴 드 피장의 말처럼 이런 모순을 도무지 이해할 수가 없다.

알브레히트 뒤러, 〈아담과 이브〉, 1507, 프라도미술관 소장

멈추지 않는

마녀사냥

16~17세기 마녀사냥의 광풍이 유럽을 휩쓸고 지나갔다. 이 광풍으로 수많은 사람이 처참하게 살육되었다. 당시 유럽 사람들이 척결해야 한다고 굳게 믿었던 마녀가 정말로 존재했을까? 1486년에 출간된 《마녀를 심판하는 망치》는 악마와 마녀의 존재를 의심하는 자들은 이단이라고 말한다. 이 책은 마녀사냥의 베테랑들이었던 도미니쿠스 수도회 수도사와 야코프 슈프랭거가 저술한 책으로, 마녀를 색출하고 고문하는 방법을 자세하게 알려주는 마녀사냥 안내서다.

　3부로 구성된 이 책은 1부에선 악마와 마녀의 존재를 증명하고, 2부에선 구체적 사례들을 제시하며, 3부에선 마녀를 기소하는 방식에 대해 설명한다. 이 마녀사냥 가이드북을 보면 마녀를 판별하는 핵심 조건은 악마와의 계약이었다. 악마와 성관계를 통해 계약을 맺은 마녀는 악마의 하수인이 돼 악마의 연회에 참석

한다. 이 악마의 주연酒筵에선 광란의 춤과 난잡한 성교가 행해진다. 주연을 마친 마녀들은 영아를 살해하고 짜낸 기름과 다른 재료를 섞어 제조한 마법의 향유를 선물로 받아 간다. 계약을 맺은 마녀는 악마로부터 엄청난 힘을 얻어 빗자루나 막대기를 타고 날 수 있으며 동물이나 반인반수 형상으로 변신할 수 있다. 부부간의 행위를 못하게 해 출산을 방해하고, 목축과 농업 생산을 못하게 만들 수도 있다. 악령이 들게 만들고, 사람과 짐승을 병들게 하고, 암소의 젖을 마르게 하고, 폭풍우를 일으킬 능력도 있다. 심지어는 태아나 신생아를 먹어 치우거나 악마에게 바치기도 한다. 이처럼 교회와 성직자 들이 만들어 낸 정형화된 마녀 이미지는 사람들의 생각 속에 하나의 실체를 가진 존재로 자리 잡았다.

악마와 계약을 맺고 악마의 연회에 참석한다는 말도 안 되는 얘기를 어떻게도 증명할 수 없었기에 대부분 마녀를 판정하는 최후 수단은 고문을 통한 자백이었다. 대부분은 혹독한 고문을 견디지 못하고 자백하거나 거짓으로 공모자를 실토할 수밖에 없었다. 이때 여론 몰이, 누명 씌우기 등이 함께 이루어졌다.

이 책은 1600년까지 28판을 찍을 정도로 당대의 베스트셀러로 성공했고, 16~17세기 마녀사냥을 위한 중요한 안내서 역할을 했다. 근대의 여명이 밝아오는 이 시기에 어떻게 이처럼 터무니없고 비이성적인 책이 성공할 수 있었을까. 이 두 명의 마녀사냥꾼과 이들의 책이 성공할 수 있게 뒷받침해 준 큰 공로자는 교황

MALLEVS
MALEFICARVM,
MALEFICAS ET EARVM
hæresim frameâ conterens,

EX VARIIS AVCTORIBVS COMPILATVS,
& in quatuor Tomos iustè distributus,

QVORVM DVO PRIORES VANAS DÆMONVM
versutias, præstigiosas eorum delusiones, superstitiosas Strigimagarum
cæremonias, horrendos etiam cum illis congressus ; exactam denique
tam pestiferæ sectæ disquisitionem , & punitionem complectuntur.
Tertius praxim Exorcistarum ad Dæmonum , & Strigimagarum male-
ficia de Christi fidelibus pellenda ; Quartus verò Artem Doctrinalem ,
Benedictionalem , & Exorcismalem continet.

TOMVS PRIMVS.
Indices Auctorum , capitum , rerúmque non desunt.

Editio nouissima , infinitis penè mendis expurgata ; cuique accessit Fuga
Dæmonum & Complementum artis exorcisticæ.

Vir siue mulier, in quibus Pythonicus, vel diuinationis fuerit spiritus, morte moriatur ;
Leuitici cap. 10.

LVGDVNI,
Sumptibus CLAVDII BOVRGEAT, sub signo Mercurij Galli.

M. DC. LXIX.
CVM PRIVILEGIO REGIS.

《마녀를 심판하는 망치》표지

이었다. 교황 인노켄티우스 8세는 책의 서문에서 저자들의 마녀사냥 활동을 방해하는 자들을 파문하겠다는 칙서를 내림으로써 이 책이 교회의 공식 입장과 교리임을 천명했다. 교황은 마법의 악이 그 도를 넘어 더 이상 관용과 아량으로 대할 수 없고, 앞으로 종교재판소의 주된 임무는 마법과 가차 없는 투쟁을 벌이고 마법을 완전히 뿌리 뽑는 일이며, 악마가 전 인류를 지배하려는 야심을 품고 있는 만큼 교회는 전력을 다해 악마와 싸워야 하고 그 뿌리 깊은 마성을 완전히 근절시켜야 한다며 악마와 마녀와의 전쟁을 선포했다.

쾰른대학교 신학과 교수들의 승인서 역시 이 책의 권위를 높이는 데 일조했다. 교황의 칙서와 신학 교수들의 승인서가 악마와 계약을 맺는 마녀가 실재하며, 이들이 세상에 큰 해악을 끼치고 있으므로 이들을 척결하는 것이 참된 기독교인의 의무임을 확증해 준 것이다.

하지만 이런 터무니없는 이야기를 믿고 무고한 이웃을 고발한 대중들이 없었다면 근대 초 마녀사냥 광풍은 불지 않았을 것이다. 대중들로 하여금 무고한 여성들을 마녀로 고발하게 만든 유혹 가운데 하나는 밀고의 대가로 받는 금전적 보상이었다. 하지만 마녀사냥의 책임을 그들에게만 전가하는 것은 옳지 않다. 그들은 만성적인 기근과 그로 인한 기아, 봉건 영주들의 착취, 전염병 등으로 고통받고 있었고, 이 모든 불행의 원인을 알지 못하는 상황에서 지식을 독점한 교회와 성직자 들의 설명을 믿을 수밖에 없었을 것이다.

마녀사냥은 과학적이고 합리적인 사고가 발전하면서 점차 사라져 갔다. 그러나 존재하지도 않는 허상을 만들고 특정 집단이나 사람을 공격하는 일종의 마녀사냥은 또 다른 모습으로 여전히 계속되고 있다. 20세기 후반에 만들어 낸 최악의 마녀사냥은 아마도 빨갱이 때려잡기일 것이다. 1950년대 미국 사회에서는 매카시즘이라 불리는 공산주의자 사냥 열풍이 불었다. 공산주의자들이 정부에서 정책을 만들고 있다는 매카시의 고발 직후 미국에서는 600여 명의 공무원, 연예계 종사자, 교육자, 노동운동가 들이 청문회에 불려 나가고, 직장을 잃고, 투옥되었다. 그러나 매카시즘 열풍이 지나간 뒤 재심이 진행되자 이들 가운데 유죄 판결을 받은 사람은 단 한 명도 없었다. 명확한 근거가 없는 고발과 폭로, 무비판적 여론 몰이가 만들어 낸 비극이었다.

신의 이름으로,

십자군전쟁

최근 몇 년 동안 타임 슬립 드라마와 영화가 인기였다. 타임 슬립 Time Slip은 시간이 미끄러진다는 뜻으로, 과거, 현재, 미래로 미끄러져 들어가는 시간 여행을 뜻한다. 타임 슬립을 한 사람들이 제일 먼저 겪게 되는 어려움은 상호 소통이다. 소통의 어려움은 다른 시대에 속하는 사람들이 서로 다른 사고방식, 행동 양식, 가치관 등을 가지고 있기 때문에 발생한다.

오래전에 본 프랑스 영화 〈비지터〉(1993)는 중세 유럽의 기사와 그의 종자가 20세기로 시간 여행을 하는 영화다. 영국과의 전쟁에서 프랑스 왕 루이 6세를 구한 기사 고드프루아는 마녀의 마술로 미래의 장인을 살해하게 된다. 주인공은 이 문제를 바로 잡기 위해 사건 이전으로 돌아가는 마법을 활용하다가 잘못되어 미래로, 즉 20세기로 타임 슬립 하게 되고 웃지 못할 일들이 벌어진다.

주인공의 이름을 고드프루아로 설정한 것이 의도적이었는지는 알 수 없지만, 십자군 시대의 고드프루아Godefroy de Bouillon는 프랑스 출신의 제후로 1차 십자군에 참여해 예루살렘왕국 초대 군주가 된 인물이다. 그는 용맹하고 신심이 깊은, 이상적인 십자군 기사의 원형으로 칭송받았다. 그렇지만 현대인들의 시각에서 볼 때 12세기 기독교 세계의 십자군 그리고 그들의 생각과 행동을 이해하기는 쉽지 않다. 왜냐하면 당시 기독교 십자군들은 이교도인 무슬림들을 죽이는 것이 기독교인으로서 당연한 의무이고, 더 나아가 이러한 행위가 신이 명하신 성스러운 행동이기에 죄의 사함과 천국행을 보장받는다고 믿었기 때문이다.

십자군전쟁을 촉발시킨 것은 1095년 프랑스의 클레르몽 공의회에서 교황 우르바누스 2세가 행한, 종교적 증오로 가득한 전쟁 프로파간다였다. 수도사 로베르가 남긴 기록에 따르면 교황은 십자군 참여를 호소하기 위해 이슬람의 만행을 과장했다.

"그들(투르크족)은 하느님의 교회들 중 일부를 파괴했고 일부는 자기들 종교를 위해 사용하고 있다. 그들은 재단을 더럽히고 모독한다. 기독교도들에게 할례를 행하고 그 피를 제단에 바르거나 성수반에 붓는다. 그들은 희희낙락하며 기독교도들의 배를 갈라 창자의 끄트머리를 꺼내서 말뚝에 묶는다. 그리고 내장이 쏟아져 나와 쓰러져 죽을 때까지 채찍으로 때려 말뚝 주위를 돌게 한다. 또 말뚝에 묶어 놓고 화살을 쏘기도 한다. 목을 잡아 뺀

다음 단칼에 목을 칠 수 있는지 시험해 보기도 한다. 한편 경악을 금치 못할, 여자들을 겁탈하는 것에 대해서는 무슨 말을 할 수 있으랴."

교황의 얘기가 사실인지를 정확히 알 수는 없다. 설교자들도 예수의 수난이나 십자가에 못 박힌 성화를 들고 유럽 전역을 돌아다니면서 성전에 동참하라고 호소했다. 그런데 그 성화엔 터번을 두른 이슬람교도들이 로마인을 대신해 그리스도를 박해한 자들로 그려졌다. 교황과 설교자들에게 사실 여부는 중요하지 않았다. 교회의 호소에 이끌려 십자군 원정에 동참한 사람들은 신이 명한 성스러운 전쟁이라 믿었다. 십자군에 대항해 싸운 이슬람 사람들 또한 신은 위대하다며 십자군에 맞섰다. 최종적으로 1291년 이슬람은 시리아와 팔레스타인에서 십자군 국가를 모두 몰아냈다. 당시 한 이슬람 역사가는 이 성공을 축하하며 신을 찬양했다. 양쪽 모두 신의 뜻이고 신을 찬양한다고 외쳤는데 신은 과연 누구의 편을 들어야 했을까? 참고로 이슬람의 경전 쿠란엔 "우리가 믿는 신과 유대교인 여러분이 믿는 신과 기독교 여러분의 신은 유일신 창조주이라"라는 문구가 나온다.

십자군이 유럽에 가져온 것은 살구밖에 없었다고 평하는 프랑스 역사가 자크 르 고프Jacques Le Goff의 지적은 십자군전쟁이 불필요한 전쟁이었음을 시사한다. 십자군전쟁뿐만 아니라 신과 종교라는 명목하에 치러진 모든 전쟁은 타 종교를 용납하지 않겠

장 콜롱브, 〈클레르몽 공의회에서 십자군 동참을 호소하는 교황 우르바누스 2세〉,
1474, 프랑스국립도서관 소장

다는 불관용 전쟁이며, 성전이 아니라 학살일 뿐이다.

현재도 중세 유럽에서 타임 슬립한 십자군처럼 행동하는 사람들이 있다. 다음처럼 말이다. "전쟁에 능하신 하느님, 전국 방방곡곡에서 믿음의 용사들, 예속된 군대들이 모였으니 성령으로 붙들어 주시옵소서! 아름다운 대한민국을 이슬람으로 더럽힐 수 없사오니 우리 민족을 지켜 주시고 보호해 주시옵소서!"

그리고
신의 이름으로

낙인찍기

2005년 국내 개봉한 알 파치노 주연 영화 〈베니스의 상인〉은 세익스피어의 동명 작품을 영화로 만든 것이다. 개인적으로 이 영화의 초반부 한 장면은 너무 인상적이어서 여전히 기억에 남아 있다. 베니스의 상인 안토니오(제러미 아이언스 분)는 길거리에서 만난 샤일록(알 파치노 분)을 더러운 오물 취급하면서 침까지 뱉는다. 안토니오가 이런 무례한 행동을 한 이유는 샤일록이 유대인이자 대부업자였기 때문이다. 유럽 역사에서 유대인이 오랫동안 기독교인들로부터 멸시와 박해를 받아 왔다는 사실은 잘 알려져 있다. 유대인이 기독교 사회로부터 멸시와 박해를 받았던 주된 이유는 예수그리스도를 십자가에 못 박아 죽게 한 죄와 성경에서 금지하는 이자를 기독교인들에게 부당하게 갈취한 탐욕의 죄 때문이다. 돈을 갚지 못한 안토니오에게 1파운드어치 살을 떼어 가겠다는 샤일록의 억지는 이자 대부업자 유대인에 대한 기독교인들의 증오와 박해에 공감하게 만든다.

하지만 셰익스피어가 그려 낸 16세기 유대 상인 샤일록의 이미지는 당시 유럽 기독교인들의 오해와 편견에서 나온 것이다. 좀 더 객관적인 입장에서 평가하면 당시 유대인은 '갑'인 기독교인들에게 부당한 대우를 받는 불쌍한 처지의 '을'들이었다. 특히 베네치아는 최초의 유대인 강제 거주 구역인 게토가 만들어진 곳이었다. 유대인의 돈이 필요했던 베네치아 정부는 유대인의 베네치아 거주를 허용했지만 언제라도 이들을 다시 추방하곤 했다. 필요해서 불러들였지만 함께 섞여 살고 싶지 않았던 베네치아인들은 1516년 유대인을 공간적으로 격리한다는 법령을 통과시켰다. 이 강제 거주 구역이 게토였다. 유대인의 출입을 엄격히 통제했고 심야 통행을 금지했다. 좁은 공간에 몰려 살아야 했기 때문에 기독교 거주지에 비해 상대적으로 건물의 층수가 높았다.

사실 이탈리아 상인들이 유대인을 이자 대부업자로 낙인찍고 탄압했던 것은 다른 사람의 눈에 있는 티는 보면서 자신의 눈에 있는 들보는 못 보는 격이었다. 실제로 서유럽 기독교 세계에서 이자 대부를 가장 크게 했던 사람들은 이탈리아 상인이다. 13세기 시에나 출신의 본시뇨리Bonsignori 가문, 단테의 저주를 받았던 파도바 출신의 스크로베니Scrovegni 가문, 14세기 피렌체 출신의 바르디Bardi 가문과 페루치Peruzzi 가문, 15세기 피렌체의

베네치아 게토 내 광장

메디치Medici 가문 등 수없이 많은 기독교 이자 대부업자들이 있었다. 하지만 이들은 교황의 친구이자 은행가였고, 유럽 왕실의 돈줄이었기에 좀 더 작은 규모의 대부업자였던 유대인처럼 멸시와 부당한 대우를 받지 않고 이자 대부로 막대한 부를 챙길 수 있었다.

유대인에 대한 낙인찍기는 무엇보다도 이들이 다른 종교를 믿는 소수자였기 때문이다. 소수자를 혐오하고 낙인찍어 사회적으로 배제하는 행위는 유대인에만 국한되지 않았다. 예를 들면 인류는 특정 질병에 대해서도 낙인을 찍고 더 나아가서는 그 병에 걸린 사람을 비난하고 경멸해 왔다. 현재 세계를 강타하고 있는 코로나19는 바이러스에 의한 감염성 질병이다. 독이라는 뜻에서 유래한 바이러스는 동물과 식물의 세포에 침투해 기생 생활을 하면서 숙주를 감염시킨다. 여러 방식으로 퍼지는 바이러스는 감기, 독감, 사스, 메르스, 코로나19, 에이즈 등 다양한 종류의 감염성 질병을 야기한다. 감기 바이러스에 대해선 도덕적 비난을 하지 않지만, 에이즈에 대해서는 음란하다거나 혐오스럽다는 꼬리표를 붙여 왔다. 에이즈는 초기에 '동성애자 관련 면역 부전증'으로 불렸고, '미개한' 아프리카 질병으로 낙인찍기도 했다.

이같이 병을 특정 집단이나 지역과 연결한 낙인찍기 관행은 사라져야 한다. 세계보건기구는 어떤 질병의 명칭에 특정 지역이나 인물을 사용하지 말 것을 권고한다. 이러한 낙인찍기가 병의

그리고
신의 이름으로

예방이나 치료에 도움을 주지 않을 뿐만 아니라 특정 지역이나 사람들을 혐오하고 배제하는 부정적 결과를 초래할 위험성이 있기 때문이다.

다름을

인정한다는 것

2018년 인도네시아에서 강진으로 대규모 인명 피해가 발생했다. 그런데 말레이시아 부총리를 지낸 야권 최고지도자는 "강진 참사는 신이 동성애자에게 내린 벌"이라는 참담한 말을 내뱉었다. 주류 세력이 소수 집단과 주변 세력을 차별하고 더 나아가 탄압하는 일은 오랜 역사에 걸쳐 빈번히 일어났다. 오늘날에도 이러한 잘못된 관행이 여전히 계속되는 것을 보면 차별과 배제는 인간 본성에서 나온 게 아닌가 하는 의구심마저 든다. 기본적으로 다수가 소수를 배척하고 탄압하는 태도는 대개 무지, 편견, 불관용, 종교적 광신 등에서 나온다.

소수자와 소수 집단은 어떤 국가와 시대에서든 존재했다. 로마제국 초기에 기독교인들은 소수 집단이었다. 로마인들은 기독교도들이 기괴하고 잔혹하며 반사회적인 의식을 벌인다고 비난했다. 3세기 초의 한 기록은 기독교인들에 대한 로마인들의 악의

적인 비방을 구체적으로 들려준다. "기독교인들은 가장 천한 동물인 당나귀의 머리를 신성시하고 숭배한다. 신참자들의 입교 의식 이야기는 잘 알려진 것처럼 역겹기도 하다. 아무런 의심도 하지 않는 입교자들을 속이기 위해서 갓난아기를 반죽에 싸서 성스러운 의식에 임하는 사람의 옆에 놓는다. 새로 입교한 사람은 반죽 표면을 세게 내려치도록 부추겨진다. 죄 없는 행위로 보이지만 이렇게 해서 갓난아기는 살해되고 만다. 이런 잔학한 행위를! 그들은 그 피를 덥석 받아 마시고 사지를 찢어발긴다." 이러한 황당한 이야기는 아마 포도주와 밀전병을 먹음으로써 예수그리스도의 '살과 피'를 받아 마신다는 성찬식에 대한 오해에서 나왔을 것이다. 그리고 비밀리에 예배를 보고 공동 식사를 하며 서로를 형제, 자매라고 부르는 관행을 모여서 음란한 행위를 하는 것으로 오해하기도 했다.

중세 유럽 사회도 다양한 소수 집단을 만들고 이들을 소외시켰다. 중세사가 제프리 리처즈Jeffrey Richards는 《중세의 소외집단: 섹스, 일탈, 저주》라는 책에서 중세의 소외 집단을 여섯 집단 (이단자, 유대인, '문둥이-이 단어가 당시 경멸적인 의미로 사용되었음을 고려해 번역서에 나오는 표현을 그대로 가져왔음', 마녀, 창녀, 동성애자)으로 나눠서 분석했다. 이단자와 유대인은 다른 믿음과 신앙을 가졌다는 이유로 배척되고 때론 화형을 당했다. 유대인들은 이자 대부업자라는 비난을 받았고 자신들을 차별하는 복장을 착용해야 하는 굴욕을 감수할 수밖에 없었다. '문둥이'는 사회로부터 추방된 자란 말과 같은 의미로 쓰였고, 이 추방된 자들은 이 세상에서 죽은 사람이나 진배없는 것처럼 살아야 했다. 그들은 자신들이 접근하고 있음을 알려야 했기에 딸랑이, 방울이나 뿔 나팔 같은 신호기를 달고 다녀야 했다. 창녀, 마녀, 동성애자 들은 성적으로 문란하다는 비난을 받았을 뿐만 아니라 사탄과 그의 부하인 악마의 하수인들로 매도당했다. 마녀를 때려잡는 지침서인 《마녀를 심판하는 망치》에서는 마녀의 마법이 여성들의 채울 길 없는 육욕에서 나온다는 혐오 섞인 저주를 퍼부었다. 그래서 마왕과 교접하고 마왕의 하수인이 된 음탕한 마녀로 낙인찍힌 여성은 화형이라는 죽음의 형벌에 처해졌다.

근대에 들어서도 다름과 소수자에 대한 혐오와 배제는 사라지지 않았다. 16세기엔 마녀사냥이 유럽 사회를 휩쓸었다. 18세기 한 법률가는 마녀사냥의 희생자 수가 900만 명에 이른다는 과장된 추정을 했고, 20세기 일부 역사가들은 2차 세계대전 중에 벌어진 홀로코스트보다 더 많은 사람이 마녀로 희생됐다고 말한다. 17세기 유럽 전역을 전쟁터로 만들었던 30년전쟁으로 800만 명에 육박하는 인명이 희생되었다. 인류 전쟁사에서 가장 참혹하고 사상자가 많은 전쟁으로 거론되는 30년전쟁은 종교적 차이를 인정하지 못하겠다는 종교적 불관용 때문에 촉발되었다.

이렇듯 유럽은 끔찍한 재앙 수준의 희생을 직접 경험하고 나서야 관용의 필요성을 절감하게 되었다. 기독교의 불관용에 맞서 싸운 18세기 프랑스 계몽철학자 볼테르는 《관용론》에서 "우리의 허약한 육체를 가리고 있는 의복들, 우리가 쓰는 불충분한 언어들, 우리의 가소로운 관습들, 우리의 불완전한 법률들, 우리의 분별없는 견해들, 우리가 보기에는 참으로 불균등하지만 당신이 보기에는 똑같은 처지와 조건 사이에 놓여 있는 작은 차이들, 즉 인간이라 불리는 티끌들을 분별하는 이 모든 사소한 차이들이 증오와 박해의 구실이 되지 않도록" 간절히 호소했다.

소수자와 소수 집단을 어떻게 대우하는지는 그 시대와 국가의 포용력과 관용 지수를 확인할 수 있는 지표다. 20세기 한반도 땅에서 한센병 환자들을 소록도라는 섬에 격리 수용하고 노동 착취와 모진 고문을 했던 만행은 먼 과거의 일이 아니다. 현재에도 난민이나 성소수자 들을 우리 사회로부터 몰아내자는 혐오와 배제의 목소리가 계속 나오고 있다. 인간이 서로 다른 것은 신의 실수일까, 의도였을까? 겨울이 다가오고 있다. 지난겨울에도 눈이 왔고 올겨울에도 눈이 내릴 것이고 내년 겨울에도 눈은 내릴 것이다. 신비로운 것은 수천 년간 내린 헤아릴 수도 없이 많은 눈 중에 똑같은 모양의 눈이 하나도 없었다는 사실이다. 6각 기둥으로 된 별 모양이라는 공통점을 제외하고는 모든 눈은 달랐다.

나병 환자를 도시에 들어오지 못하게 막는 모습을 표현한 그림, 14세기

삼위일체를 부인하다

화형을 당하다

피렌체의 산타마리아노벨라성당 벽면에는 마사초가 그린 〈성 삼위일체〉라는 프레스코화가 있다. 이 그림을 보고 그림 속으로 들어가는 듯한 인상을 받았다고 말하는 사람들이 있는데, 이러한 느낌은 아마 그림이 주는 깊이 감 때문일 것이다. 르네상스 시대에 유행했던 원근법 효과 덕분이다. 이 그림을 본 당시 피렌체 시민들은 성부, 성자, 성령을 시각적으로 이해할 수 있었을 것이다. 그림 정면에는 십자가에 못 박힌 예수 즉 성자, 바로 뒤에는 조금 높은 곳에서 내려다보는 성부, 성부와 성자 사이에 있는 비둘기로 표현된 성령을 쉽게 구분할 수 있기 때문이다. 하지만 당대 피렌체 시민들이 기독교의 핵심 교리인 삼위일체를 신학적으로 명확하게 이해하기는 어려웠을 것이다.

때론 삼위일체를 부인하다 화형을 당한 사람들도 생겨났다. 1553년 10월 27일 에스파냐 출신 신학자 미구엘 세르베투스는 제네바 근교에서 자신의 책과 함께 이단으로 찍혀 화형을 당했다. 그 이유는 자신의 책에서 기독교의 핵심 교리인 삼위일체론이 성서에 근거가 없다고 주장했기 때문이다. 그는 예수그리스도는 신이 아니며, 인간의 육체를 가지고 이 땅에 온 신의 아들이라고 말했다. 또한 그는 그리스도는 인간이지만 신적인 능력을 지니고 있다고 해석했다. 그의 핵심 주장을 간략하게 요약하면 성경의 모든 구절은 그리스도를 인간으로 이야기한다는 것이다.

세르베투스는 화형을 당하기 전 제네바 감옥에서 비인간적 대우를 받았고, 이를 개선해 달라고 시 당국에 간곡하게 호소하는 편지를 썼다.

"벼룩이 나를 산 채로 물어뜯어 죽이고 있습니다. 신발은 다 망가졌고 옷도 내복도 없습니다. (…) 사랑의 그리스도의 이름으로 간청합니다. 여러분이 터키 사람이나 범죄자에게도 허용하는 일을 내게 거부하지 말아 주십시오. 나를 청결하게 하도록 여러분이 명령하신 일 중 아무것도 실현되지 않았습니다. 나는 전보다 더 비참한 상태에 있습니다. 나의 배설물을 치울 기회조차 주지 않는 것은 너무나 잔혹한 짓입니다."

실제로 역사 속에서 삼위일체는 오랫동안 여러 논쟁과 반대를 불러일으킬 정도로 난해하고 복잡한 교리였다. 삼위일체를 둘러싼 가장 첨예한 대립은 4세기 초에 발생했다. 당시까지만 해도 삼위일체는 교회가 공식적으로 인정한 교리는 아니었기 때문에 이를 둘러싼 이견들이 많았다. 4세기 초 알렉산드리아의 사제 아리우스와 그의 추종자들은 성자는 성부 하느님의 피조물이고 성부처럼 영원하지도 않기에, 성부와 성자는 이질적이고 차별적인 존재라고 주장했다. 반면 알렉산드리아 총대주교 아타나시우스는 성부와 성자는 동일한 본질을 가지고 있다고 반박했다.

이러한 논란을 해결하기 위해 콘스탄티누스대제는 325년 소아시아 니케아에서 기독교 역사상 첫 번째 공의회를 개최했다. 공의회는 아리우스의 주장을 이단으로 정죄하고 성부와 성자는 동일한 본질을 지녔다는 교리를 확립했다. 그렇지만 공의회의 결정이 모든 분란과 이견을 해소하지는 못했다. 아리우스주의는 로마제국 동부 지역에서 살아남았을 뿐만 아니라 많은 게르만족 사람들도 아리우스주의를 수용했다.

삼위일체를 둘러싼 교리 논쟁은 로마가톨릭과 그리스정교의 분열에도 일조했다. 여기서 문제가 된 것은 삼위일체 교리 자체가 아니라 삼위 중 성령을 둘러싼 논란이었다. 일명 필리오케filioque 논쟁이라 불리는 이 사건은 성령이 성부뿐만 아니라 성자로부터도 나온다고 주장한 로마가톨릭과 성부로부터만 나온다고 주장한 그리스정교 간의 갈등을 유발했고, 결국에는 동서 교회 분열로 이어졌다.

그리스정교는 1439년 피렌체 공의회에서 로마가톨릭의 입장을

마사초, 〈성 삼위일체〉,
1425~1428,
산타마리아노벨라성당 소장

수용하고 동서 교회 통합을 이루었다. 사실 비잔티움 황제, 콘스탄티노플 총대주교와 그리스 사절단이 라틴 교회의 주장을 수용할 수밖에 없었던 이유는 임박한 오스만의 침략을 막아내기 위해 서유럽 세계의 군사적 도움이 절실히 필요했기 때문이다. 때론 교리보다는 정치적·군사적 절박함이 더 우선했다.

종교적 교리를 시대를 초월한 만고불변의 진리라고 주장하는 사람들도 있지만 실제로 종교적 교리는 처음부터 정해진 것이 아니라 긴 역사적 과정을 통해서 확립되었고, 때로는 시대적 상황과 맥락에 따라 변화하고 폐기되기도 했다. 오늘날 자본주의 사회에서 한 푼의 이자도 받지 말라는 성경의 말씀 즉 교리를 지키는 기독교인은 거의 없다.

"시대적 가치관과 보편적 진리는 반드시 구분해야 합니다. 오늘날 '여성이 교회 집회에서 말하는 것은 자신에게 수치가 된다'라고 한 사도바울의 말을 시대를 뛰어넘는 보편적 진리로 받아들이는 사람은 별로 없을 것입니다. 아무리 성인이 한 말이고 성서에 기록되어 있을지라도 남녀 구별과 신분의 고하가 엄격했던 그 시대의 가치관이라고 생각해야 상식적인 일입니다. 시대상을 보는 안목과 역사의식을 지닌 비판적 읽기는 법과 종교를 막론하고 반드시 필요한 일입니다"라는 한동일 신부의 지적이 종교적 교리를 대하는 모범적 태도일 것이다.

기독교와 이슬람은

같은 신을 숭배한다

얼마 전 프랑스에서 2015년 무함마드를 풍자한 주간지《샤를리 에브도》의 만평을 소재로 표현의 자유에 관한 수업을 했던 역사 교사 사뮈엘이 체첸 출신 열여덟 살 소년에 의해 살해되는 비극적 사건이 발생했다. 범인은 교사가 무함마드를 모욕했다는 이유로 그를 살해했고, 살해 현장 목격자들은 범인이 범행을 저지르면서 "알라후 아크바르(신은 위대하다)"를 외쳤다고 전했다. 범인은 사건 현장에서 저항하다 경찰의 총에 맞아 숨졌다.

국내 언론들은 이 사건을 알라신을 믿는 나이 어린 이슬람 극단주의자가 벌인 테러라고 설명했다. 하지만 이런 정도의 설명만으로는 왜 비슷한 성격의 비극적 사건이 반복해서 발생하는지를 이해하기 어렵다. 기독교 문명과 이슬람 문명 간의 갈등과 충돌은 1000년 넘게 지속되어 왔고 이런 불행한 역사의 저변에는 상대에 대한 무지와 오해, 그로부터 비롯된 편견과 불신이 뿌리 깊

레오나르도 다빈치, 〈수태고지〉, 1472, 우피치미술관 소장

무함마드에게 계시를 전하는 천사 가브리엘, 1307년경

게 자리 잡고 있다. 우리가 일상적으로 사용하는 알라신이라는 용어도 그러한 사례 중 하나다. 기독교인들은 그렇게 생각하지 않을 수도 있지만, 쿠란에 따르면 이슬람교에서도 유대교와 기독교에서 숭배하는 유일신 하느님을 믿는다.

그러나 여전히 적지 않은 유럽 기독교인들은 이슬람을 유럽 문화와는 완전히 다른 동양적 종교라고 생각하고, 한국사람 대다수도 이슬람교를 기독교와는 완전히 다른 종교로 알고 있다. 그렇지만 역사적으로 기독교와 이슬람은 많은 것을 공유한다. 기독교와 마찬가지로 이슬람도 유대교 경전인 구약을 수용하며, 그래서 쿠란에 나오는 28명의 성인 중 21명이 기독교의 성인이기도 하다. 기독교에서 성모마리아에게 수태를 알린 천사 가브리엘은 이슬람의 창시자인 무함마드에게 하느님의 계시를 전달한 천사다. 그리고 두 종교 모두 최후의 심판과 천국이라는 교리를 가지고 있으며, 한때 천국에는 하느님께서 창조한 아담과 이브가 살았다고 믿는다. 기독교에서는 이브와 아담이 뱀의 유혹에 넘어가 원죄를 짓고 낙원에서 추방되었지만, 이슬람에서는 하느님께서 이블리스라는 천사의 유혹에 넘어간 아담과 이브를 용서하셨다. 기독교에서는 이브가 금지된 열매를 먼저 먹었다면, 이슬람에서는 아담이 먼저 맛보았다.

아담과 이브에 관한 이야기보다 더 두 종교를 적대적으로 만든 교리상 핵심 차이는 예수에 관한 입장이다. 기독교에서는 예

127

수를 성부인 하느님으로 믿는다. 반면 이슬람교에서 예수는 하느님이 보낸 여러 예언자 중 한 명이며, 무함마드는 하느님께서 보낸 마지막 예언자다. 그래서 이슬람교도들은 예수를 신이라고 생각하지는 않지만, 위대한 예언자로 경배한다.

유일신 하느님을 믿는 유대교, 기독교, 이슬람교는 오랜 역사 동안 반목하고 때론 전쟁을 불사했다. 헌팅턴Samuel Huntington이 자신의 저서《문명의 충돌》에서 지적한 것처럼 기독교 문명과 이슬람 문명 간 충돌은 아직도 계속되고 있다. 어떻게 하면 종교 간 평화와 공존을 이룰 수 있을까? 2014년 터키를 방문한 교황 프란치스코Francisco는 종교적 광신주의(fanaticism)와 근본주의(fundamentalism)에 맞서기 위해 종교 간 대화를 제안했다.

연옥,

중세 최고의 발명

간혹 사후 세계에 대해 상상해 보곤 한다. 모든 사람이 한 번쯤은 사후의 운명에 관해 진지하게 고민했을 것이다. 영화 〈이웃집에 신이 산다〉(영화의 원제목인 〈완전히 새로운 성경(Le tout nouveau testament)〉이 영화의 내용과 핵심을 더 잘 전달해 주는 것 같다)는 죽음과 사후 세계가 인간에게 어떤 의미가 있는지를 코믹하게 보여 준다. 이 영화의 주인공으로 브뤼셀의 한 아파트에 사는 신은 아내와 자식들에게 걸핏하면 소리 지르고 인간을 괴롭히면서 즐거워하는, 한마디로 심술궂고 고약한 성격의 절대자다. 아들인 예수는 이러한 아버지 신에 반기를 들고 가출해 버렸고, 현명한 딸인 에아는 새로운 신약 성서를 쓰기 위해 여섯 명의 사도를 찾아 나선다. 영화 최고의 장면은 에아가 아버지의 컴퓨터에 몰래 들어가 지상의 인간들에게 남은 수명을 문자로 전송하는 부분이다. 즉 에아가 아버지의 전지전능한 힘의 원천인 인간 죽음의 비밀을 봉인 해제한 셈이다.

영화는 죽음이라는 무거운 주제를 유머러스하게 그려 내고 있지만 일상의 삶에서 죽음과 사후 세계는 때론 현실보다 더 막강한 힘을 가지고 있다. 그런 점에서 사후 세계가 현세의 삶을 무겁게 짓누른다고 할 수 있을 것이다. 이러한 사실은 중세와 근대 유럽의 많은 예술품이 사후 세계를 그렸다는 점에서도 잘 알 수 있다. 게다가 근대의 탄생기로 간주되는 르네상스 시기에는 최후의 심판 그림이 오히려 늘어났다. 무시무시한 지옥도는 인간들에게 죽음과 사후 세계에 대한 공포를 시각적으로 증폭시키기에 충분했다. 오래전에 베네치아 토르첼로섬에 있는 성당 벽면에 그려진 지옥도를 본 적이 있는데, 현대에 살고 있는 나조차도 서늘한 느낌을 받았다.

그러나 중세 유럽에서 죽음과 지옥의 공포에 짓눌려 떨고 있던 인간들에게 한 줄기 빛이 찾아왔다. 영화 속 에아가 아버지가 가진 절대 권력의 원천인 생명 시간을 인간들에게 전송한 것처럼 중세 유럽은 새로운 사후 세계의 지도를 만들어 냈다. 그것은 바로 연옥이라 불리는 새로운 공간의 탄생이었다. 연옥이라는 개념이 만들어지기 전까지 유럽 기독교인들은 사후 세계를 지옥과 천국으로만 구분했다. 신을 믿고 선행을 한 사람은 천국으로, 그렇지 않은 사람은 지옥행이었다. 이러한 구도하에서는 지옥에 떨어진 사람들은 영원히 구제받을 수 없었다. 그러나 연옥이 생기면서 희망의 가능성이 열렸다. 연옥은 불로써 자신의 죄를 정화하고 최종적으로는 천국으로 갈 수 있는 중간 단계의 공간이었다. 전적으로 의로운 사람은 바로 천국으로 가겠지만 가벼운 죄인들은 연옥으로 가서 불로 죄를 씻고 종국에는 구원받을 수 있었다. 당시 교회는 죄를 유발시키는 원인으로 교만, 시기, 분노, 음욕, 탐식, 탐욕, 나태를 7죄종으로 규정했는데 현실의 삶에서 이러한 죄를 한 번도 범하지 않고 살 수 있을까? 그런 점에서 보통 사람들에게 연옥은 희망의 공간이었을 것이다.

프랑스 역사가 자크 르 고프는 《연옥의 탄생》이라는 책에서 12세기에 연옥이라는 개념이 형성되기 시작했음을 상세히 밝혀냈다. 중세 최고의 연옥 설계자는 단연코 단테였고, 그는 자신의 작품 《신곡》에서 연옥을 환상적으로 표현했다. 단테의 연옥은 일곱 개의 원반이 포개져 정상으로 갈수록 원의 반경이 줄어들고, 각 원에서는 죄인들이 순서대로 교만, 시기, 분노, 나태, 탐욕, 탐식, 음욕의 죄를 씻는다. 단테가 시의 언어로 묘사한 연옥은 여러 화가들에 의해 그림으로 재탄생했다. 그 결과 중세 후반 유럽 기독교인들에게 연옥은 구체적인 이미지를 지닌, 실재하는 공간이 되었다.

여러 면에서 연옥은 기발한 아이디어였다. 이 사후 공간은 교회에 엄청난 부를 안겨 주기도 했다. 연옥에서 고생하는 불쌍한 망자들을 위해 살아 있는 사람의 노력이 중요했고 산 자의 기도

도메니코 디 미켈리노, 〈단테〉, 1465, 산타마리아델피오레대성당 소장

와 봉헌 여하에 따라 연옥 수감 기간이 달라질 수 있었다. 산 자들의 기도와 봉헌을 중재하는 곳이 바로 교회였다. 살아 있는 사람들이 할 수 있는 가장 손쉬운 일 중 하나가 교회가 발행하는 면벌부를 구입하는 것이었다. 이제 교회는 산 자뿐만 아니라 죽은 자들에 대해서도 권위를 가지게 되었다. 16세기 초 교황청이 바티칸 대성당 재건 사업을 위해 면벌부를 남발하고 루터가 면벌부와 그와 연관된 연옥 신앙을 부정하면서 종교개혁이 일어났지만 연옥과 면벌부는 보통 사람들에게는 손쉽게 구원을 확보할 수 있는 편리한 방편이기도 했을 것이다.

　오랜 역사에서 인간의 과학 지식은 무한히 증가했지만, 사후 세계에 대한 지식은 티끌만큼도 발전하지 않았다. 그래서 과학이 아니라 여러 종교에서 계속해서 이에 대해 설명하고 있는지도 모른다. 사후 세계에 대한 성찰은 현실과 동떨어진 문제가 결코 아니다. 왜냐하면 알 수 없는 사후 세계가 현실의 삶을 규정하고 제약하는 측면이 있기 때문이다. 그래서 사후 세계의 지도를 어떻게 상상하느냐는 너무나 중요한 문제인 것이다. 때론 사후 세계에 대한 두려움에 떨지 말고 오늘을 즐기라(Carpe diem)는 고대 현자들의 조언을 따라 보는 것도 나쁘지 않을 듯하다.

133

지옥을 이용하는

종교

대학 시절 간혹 명동에 나가면 어김없이 '예수 천국, 불신 지옥'을 소리 높여 외치는 사람들을 만났다. 지금은 이런 광경을 그때처럼 자주 보지는 못하지만, 그렇다고 지옥의 공포를 조장해서 믿음을 강요하는 외침이 완전히 사라진 것은 아니다.

대다수 종교는 지옥의 공포를 통하여 신자들에 대한 통제력을 확보했다. 불교식 사후 세계와 심판 그리고 지옥을 흥미롭게 구성한 영화 〈신과 함께〉에 나오는 지옥의 모습은 끔찍한 공포를 불러일으키기보다는 약간의 코믹함을 선사한다. 그러나 불교 탱화에 나오는 지옥도는 서늘한 공포를 조장하기에 충분하다. 불교의 지옥도는 망자가 사후에 통과해야 할 과정을 보여 준다. 불교에서 망자는 사후 열 명의 지옥 대왕들에게 심판을 받는다. 사후 49일 동안에는 일곱 명의 지옥 대왕의 심판을, 100일째에는 여덟 번째 지옥 대왕의 심판을, 1년째에는 아홉 번째 지옥 대왕의 심판을, 3년째에는 열 번째 지옥 대왕의 심판을 받는다. 최종 심판에 따라 망자는 지옥도, 아귀도, 축생도, 아수라도, 인간도, 천상도라 불리는 6도에서 다시 태어난다. 선한 업에 따라 망자는 아수라도·인간도·천상도에서 환생하며, 악한 업에 따라 망자는 축생도·아귀도·지옥도에 떨어진다. 가장 악한 자들은 지옥에 떨어져 엄청난 고통을 겪게 된다. 죄의 경중에 따라 여러 종류의 지옥이 배정되는데, 초반지옥·도산지옥·화탕지옥·한빙지옥·검수지옥·발설지옥·독사지옥·거해지옥·철상지옥·풍도지옥·흑암지옥 등이 있다. 하지만 불교에서 진정한 지옥은 팔열팔한지옥이라고 불리는 열여섯 개의 지옥이다. 그중 하나인 아비지옥에는 부모를 죽인 자, 세상의 존경을 받을 만한 성자를 죽인 자, 부처의 몸을 상하게 하여 피를 흘리게 한 자, 교단의 화합을 깬 자 등 5역죄를 지은 죄인들이 온몸이 마르고 피까지 말라 버리며, 불구덩이에 던져지기도 하며, 눈을 파 먹히기도 하는 고통을 받는다. 이 지옥은 고통과 괴로움이 한순간도 쉬지 않고 계속되기에 무간지옥이라 불리기도 한다. 그러나 불교의 지옥은 영원하지 않다는 점에서 기독교의 지옥보다는 희망적이다. 일정 기간이 끝나면 다시 심판을 받고 6도 중 한 곳에서 환생할 수 있기 때문이다. 그런 면에서 불교의 지옥은 기독교의 연옥과 유사하다.

자하남이라 불리기도 하는 이슬람의 지옥은 한마디로 불의 고통을 받는 곳이다. 그런 연유로 쿠란에서 지옥은 자주 불지옥으

〈시왕도〉화탕지옥 부분, 화엄사 소장

이슬람의 지옥 자한남을 표현한 그림, 15세기

로 불린다. 15세기에 그려진 한 지옥도에는 무함마드와 천사 가브리엘이 지옥에서 고통받는 여인들을 보고 있는데, 그 여인들은 매춘을 한 죄로 영원히 불에 타는 고통을 받고 있다. 일반적으로 이슬람의 지옥은 하느님을 따르지 않는 불신자들이 가는 곳이다. 그렇지만 죄의 경중에 따라 지옥에서 받는 벌과 고통도 차별화된다. 이 지옥을 관리하는 사람은 하느님께서 보낸 19천사들이며, 불신자들은 지옥의 화염 속에서 불의 고통을 겪으며 한탄과 통곡을 한다. 쿠란에 따르면 죄인들은 지옥에서 영원히 살게 될 것이다. 하지만 이슬람 학자 중 일부는 지옥에 떨어진 영혼은 최종적으로 용서를 받고 천국으로 갈 수 있다고 주장한다.

공포의 지옥 이미지를 활용해 신자들을 통제하는 데 있어서 기독교는 불교와 이슬람보다 훨씬 뛰어났다. 중세 유럽 사회에서는 지옥 그림을 엄청나게 많이 그렸다. 그림뿐만 아니라 설교나 문학작품에서도 지옥은 단골 주제였다. 중세 말에 이르러 공포심을 불러일으키는 지옥 이미지는 절정에 달했다. 기독교 역사에서 지옥의 모습을 가장 상세하게 보여 준 사람은 단테일 것이다. 단테를 포함해 중세 유럽 기독교인들이 상상한 지옥은 천국(Paradise)과 마찬가지로 지구상에 실제로 존재하는 공간이었다. 타락한 천사이자 지옥의 대왕 루시퍼가 하늘에서 지구로 떨어지면서 깊은 구멍을 만들었는데 바로 이 공간이 지옥이 된 것이다. 단테가 상상한 지옥은 총 9층으로 구성되어 있고, 아래층으로 내려갈수록 무거운 죄인들이 벌을 받는다. 첫 번째 층인 림보는 미처 세례를 받지 못하고 죽은 아이들이나 그리스도 이전 철학자들이 있는 공간이다. 지옥이긴 하지만 고통과 괴로움이 없는 곳이다. 2층에는 애욕의 죄인들이, 3층에는 탐식의 죄인들이, 4층에는 탐욕의 죄인들이, 5층에는 분노의 죄인들이, 6층에는 이단의 죄인들이, 7층에는 폭력의 죄인들이, 8층에는 사기의 죄인들이, 9층에는 배신의 죄인들이 고통을 받고 있다.

단테에게 지옥은 회개나 참회를 통해 구원받을 수 있는 최소한의 희망도 없는 절망의 공간이었다. 그런 연유로 단테는 사후 세계 여행기인 《신곡》에서 지옥문 입구 위에 무시무시한 글귀를 만들어냈다. "비통의 도시로 가려는 자, 나를 거쳐서 가라. 영원한 고통을 당하려는 자, 나를 거쳐서 가라. 저주받은 무리 속으로 가려는 자, 나를 거쳐서 가라. 정의는 지존하신 창조주를 움직여 그 성스러운 힘과 최고의 지혜와 시원의 사랑으로 나를 만들었나니. 나보다 먼저 창조된 이는 영원한 존재 외에는 없으니 나는 영원히 남아 있을 것이로다. 여기 들어오는 너희는 모든 희망을 버려라." 한마디로 지옥은 아무런 희망도 없이 영원한 고통을 감내해야 하는 곳이었다. 불교의 지옥은 시간이 지나면 벗어날 수 있는 공간이지만, 기독교의 지옥은 영원한 형벌의 장소이기 때문에 더욱더 절망적인 곳일 수밖에 없었다.

중세 말 프랑스와 이탈리아에서 지옥의 이미지를 연구한 제롬

바쉐Jérôme Baschet는 교회가 지옥 이미지를 장악하고 통제함으로써 죽음의 권력을 전유했다고 해석했다. 무시무시한 지옥의 이미지는 대중들의 삶과 행동을 규제하고 통제할 수 있는 훌륭한 수단이었다. 당시 대중들은 성당을 드나들면서, 설교를 들으면서, 기도서를 읽으면서 일상적으로 지옥의 공포를 체험했고, 이러한 체험을 통해 지옥이 바로 곁에 존재한다는 두려움과 공포를 느꼈을 것이다. 죄의식과 처벌에 대한 공포는 대중이 자신의 잘못을 고해하고 교회의 가르침에 순종하도록 만들었다. 이처럼 교회는 신만이 가질 수 있는 죽음의 권력을 지상에서 장악하고, 신도들의 양심과 품행을 통제할 수 있었다.

지옥에 대한 공포는 근본적으로 죽음에 대한 공포로부터 나온다. 인간이 피할 수 없는 숙명인 죽음에 대한 두려움을 이용하는 관행은 종교의 오래된 전술이었다. 몽테뉴는 지옥의 공포를 통해 도덕이나 종교를 강제하려는 태도와 종교적 광신주의를 경멸했다. 그는 자신의 저서《수상록》에서 "나는 내가 양배추를 심고 있을 때 죽음이 나를 찾아오기를 바란다. 죽음에 무심할 때, 그러니까 죽음보다는 아직 완성이 덜 된 내 정원을 더 생각하고 있을 때, 그럴 때 죽음이 나를 찾아왔으면 좋겠다"라고 말하면서 죽음에 무심할 수 있기를 희망했다. 이처럼 그에게 철학을 한다는 것은 죽는 법을 배우는 것이었다.

139

이자는

죄악이다

몇 년 전 학생들을 인솔해 이탈리아 도시들을 답사한 적이 있다. 계절학기 프로그램으로 강좌 제목은 '르네상스와 근대의 탄생'이었다. 르네상스를 대표하는 도시는 아니었지만 북부 이탈리아에 있는 파도바에 잠깐 들렀는데 스크로베니예배당에 있는 조토의 프레스코화를 보기 위해서였다. 이 벽화는 르네상스 시작을 알리는 그림으로 유명하다.

　벽화의 여러 장면 중에서도 특히 눈길을 끄는 것은 천사들이 우는 모습이었다. 죽은 예수를 안고 있는 마리아 위에서 천사들이 눈물을 흘리며 격한 슬픔을 드러낸다. 일명 '피에타'라고 불리는 작품이다. 기독교 역사에서 중요한 순간은 인간의 죄를 대속한 그리스도의 거룩한 뜻을 상징하는 예정된 역사이기에 죽은 아들을 안고 인간적 슬픔과 고통을 느끼는 어머니 모습으로는 표현하지 않는 경우가 많았다. 그런데 이 그림에서는 천사들이 그리스도의 죽음에 격한 슬픔을 분출한다. 이러한 감정 분출이 근대의 시작을 알리는 요소로 간주된다.

시선을 끄는 또 다른 장면은 지옥에서 목매달려 있는 유다의 무기력한 모습이다. 돈 몇 푼에 그리스도를 배신한 유다는 탐욕스러운 상인이자 이자 대부업자로 그려져 있다. 조토가 유다를 이자 대부업자로 그린 것은 아마 그림 주문자의 요구가 반영되었기 때문이라고 생각한다. 당대 최고 화가였던 조토에게 그림을 의뢰한 사람은 파도바의 대표 귀족 가문 출신인 엔리코 스크로베니였다. 그는 이탈리아 전역에서 악명 높던 이자 대부업자였다.

그런데 우리가 유럽 역사에서 알고 있는 고리대금업자라는 용어와 그들의 역사에는 오해와 편견이 많다. 첫 번째 오해는 고리대금업자 하면 유대인을 떠올린다는 것이다. 실제로 유대교 상인보다 기독교 상인, 특히 이탈리아 상인이 대부업을 주도했다. 두 번째는 우리가 알고 있는 고리대금업자의 정확한 의미가 이자 대부업자 전체였다는 것이다. 당시 교회의 가르침에 따르면 이자가 높거나 낮음에 상관없이 원금 이외에 한 푼이라도 더 받으면 그것은 '유저리usury'였다. 이자는 큰 종교적 죄악이었고, 이자 대부업자는 결코 구원을 받을 수 없었다. 교회 묘지에 묻히는 것조차 허용되지 않았다. 기독교에서 이자가 죄악인 근거는 성경 여기저기에 있다.

엔리코의 아버지 리날도 스크로베니도 이자 대부업자였다. 그

조토 디본도네,
〈최후의 심판〉, 1306,
스크로베니예배당 소장

런 이유로 《신곡》의 저자 단테는 리날도를 지옥에 처박아 놓았다. 엔리코가 조토를 불러 지옥에서 고통받는 이자 대부업자 유다를 그리게 한 것은 아버지와 자신의 죄를 회개하고 구원을 얻기 위한 간절한 열망의 발로였다. 이러한 열망은 그림의 다른 한 장면에서 잘 드러난다. 그것은 바로 엔리코가 무릎을 꿇고 예배당을 성모마리아에게 봉헌하고 마리아는 구원의 손길을 내미는 장면이다.

엔리코와 동시대를 살았던 이탈리아 상인들 대다수는 이자 대부라는 죄를 씻기 위해 임종 직전 유언장을 통해 부당하게 수취한 이자를 원주인에게 돌려주라는 당부를 잊지 않았다. 시간이 너무 흘러 원주인을 찾을 수 없을 때는 가난한 이들에게 자선을 베풀거나 교회에 기부하라고 가르쳤다. 돌려주는 행위는 천국으로 가는 여권이나 다름없었다. 엔리코도 마지막 순간에 이자를 돌려주라는 유언을 남겼다.

이후 근대 자본주의 사회가 출현하면서 이자를 바라보는 사회적 인식은 점진적으로 변화했다. 빌려준 돈을 약속한 시간에 돌려받지 못하면 손해를 볼 수도 있고, 돈을 빌려주게 되면 유리한 투자를 해서 합법적 이득을 얻을 기회를 놓칠 수도 있고, 채무자가 돈을 갚을 능력이 없을 경우 원금 상실 위험이 있기에 어느 정도 이자는 받아야 한다는 주장이 설득력을 얻어 갔다. 물론 근대에 들어서도 교회나 보수적 성직자들은 여전히 이자가 신의 뜻을 거스르는 치명적 죄악이라고 설파했다. 그러나 20세기 초 로마 교황청은 이자를 금지하는, 2000년이나 된 교리를 폐기했다.

오늘날 자본주의 사회에서 이자는 더 이상 불법적 경제행위도 아니고 사회적·윤리적 죄악도 아니다. 이자를 용인하는 경제적 심성은 자본주의 출현에 필수적이고, 합법적 이자 대부업체인 은행은 자본주의를 견인한 핵심 동력 기관이다. 자본을 대부해서 발생하는 수익인 이자는 자본의 몸집을 더욱더 거대하게 만들어 가고 있다. 이제 자본은 더 많은 힘과 권력을 차지하면서 모든 것을 지배하게 될 것이다. 이러한 자본의 무한한 식욕을 억제할 제어장치가 사라진 지 오래인 것 같다.《21세기 자본》을 저술한 피케티와 같은 학자들은 자본 소득과 노동 소득의 분배가 갈수록 상대적으로 자본에 유리한 방향으로 이뤄지는 현실을 우려한다. 자본의 몫은 커지고 상대적으로 노동의 몫은 줄어들면서 사회적·경제적 불평등이 더욱 심화되었기 때문이다. 이제 자본의 욕망을 순화시켜야 할 때가 되었다. 자본의 몫을 줄이고 노동의 몫을 높임으로써 좀 더 고상한 자본주의 사회를 만들어 가야 할 것이다. 그러나 이는 쉬운 일이 아니다. 자본의 끝없는 욕구에 종속된 우리는 얼마나 있어야 충분한지를 아직도 모르고 있기 때문이다.

상인은 결코

신을 기쁘게 할 수 없다

중세 유럽 기독교 사회에서 '상인은 신을 결코 기쁘게 할 수 없었다(Homo mercator nunquam poteste Deo placere!)'. 1300년경 조토가 파도바의 스크로베니예배당에 그린 한 프레스코화에는 예수가 상인을 성전에서 쫓아내는 장면이 있다. 예수는 오른손을 들고 꽉 쥔 주먹으로 상인들을 위협해 성전으로부터 내쫓고 있다. 자비와 사랑을 실천하라고 설교한 예수가 왜 그렇게 상인들에게 위압적 태도를 취했을까? 그 해답은 성경에 있다. 요한복음에는 예수가 성전에서 장사를 하는 상인과 환전상을 무섭게 꾸짖는 이야기가 나온다.

"유대인의 유월절이 가까운지라 예수께서 예루살렘으로 올라가셨더니 성전 안에서 소와 양과 비둘기를 파는 사람들과 돈 바꾸는 사람들이 앉아 있는 것을 보시고 노끈으로 채찍을 만들어 양이나 소를 다 성전에서 내쫓으시고 돈 바꾸는 사람들의 돈을 쏟으시며 상을 엎으시고 비둘기를 파는 사람들에게 이르시되 이 것을 여기서 가져가라. 내 아버지의 집으로 장사하는 집을 만들 지 말라 하시니."

이외에도 성경에는 상인, 상업, 돈과 부자에 관한 부정적 이야 기가 넘쳐난다. 게다가 "부자가 하느님 나라에 들어가는 것보다 낙타가 바늘구멍으로 빠져나가는 것이 더 쉽다"라는 가르침에 서 알 수 있듯이 부자가 구원받을 가능성은 매우 희박했다. 실례 로 성경에서 동방박사를 제외하면 상인, 부자, 권력자 들이 구원 받는 경우는 드물어서 15세기 메디치 가문 사람들은 "동방박사 모임"에 적극적으로 참여했고, 동방박사를 소재로 한 그림을 여 러 차례 주문했다. 이러한 성경의 가르침에서 출발해 중세 교회 는 상인과 상업에 대한 부정적 이데올로기를 정교화시켰다. 교 황 레오 1세는 사고파는 일을 하면서 죄를 저지르지 않기는 힘 들다면서 상업 자체가 죄의 씨앗임을 강조했다. 장사를 하게 되 면 필연적으로 죄를 지을 수밖에 없다고 생각했던 것이다. 12세 기 교회법령집을 편찬한 그라티아누스는 모든 상거래는 옳지 못 하다고 주장했다. 이러한 교리하에서 성직자의 상행위는 절대로 용인할 수 없는 죄악이었다. 한 공의회에서는 싸게 사서 비싸게 파는 상행위를 하는 성직자들을 성직으로부터 추방해야 한다고 결정했다.

이러한 사회적 분위기였기 때문에 상인은 결코 신을 기쁘게 할 수 없는 존재였다. 당연히 상인은 성직자와 귀족보다 낮은, 기껏해야 평민이었고 상업은 천대받는 대표적 직업이었다. 그래서 중세 서유럽 기독교 국가에서 귀족이 상거래를 하면 귀족 지위를 박탈당할 수도 있었다. 그러나 예외가 있었다. 이탈리아 도시국가에서는 지배 계급인 귀족의 상업 활동이 허용되었고, 많은 귀족이 상업 활동에 적극적으로 참여했다. 14세기 빌라니가 기독교 세계를 떠받치는 두 개의 기둥으로 찬양했던 피렌체 출신 바르디와 페루치 가문은 전통 귀족 가문이었고, 상사를 설립해 막대한 부를 축적했다. 바르디와 페루치 상사가 백년전쟁을 준비하는 영국 왕 에드워드 3세에게 빌려준 돈은 당시 기준으로 천문학적 금액이었다. 베네치아와 제노바 귀족들도 지중해 원거리 교역에 적극적으로 참여했고, 이교도인 이슬람과의 교역도 마다하지 않았다.

그런 점에서 중세 이탈리아 상인들은 상인과 상업을 부정적으로 인식하는 중세 기독교적 경제관념을 무너뜨리는 데 선구자 역할을 했다. 15세기 메디치 가문은 이러한 역사적 변화 과정을 웅변적으로 잘 보여 준다. 평민에서 출발한 메디치 가문은 제조업·상업·은행업으로 막대한 부를 축적했으며, 이를 기반으로 피렌체 정치권력을 장악하고 최종적으로는 귀족 계급으로 신분이 상승했다. 메디치 가문은 돈으로 귀족 신분을 얻는 수준에서 그친 것이 아니라 유럽 제일의 왕가들과 결혼하고 기독교 세계의 수장

조토 디본도네, 〈성전에서 환전상을 쫓아내는 예수〉, 스크로베니예배당 소장

인 교황을 배출할 정도로 국제적 위상과 명성을 얻었다.

대항해시대 이후 상업과 국제 교역이 더욱 활성화되면서, 교회는 상인과 상업에 대한 부정적 교리와 인식을 점진적으로 수정했고, 오늘날 자본주의 사회에서는 거의 폐기했다. 이제 돈이 승리하고, 지배하고, 명령한다(Nummus vincit, nummus regnat, nummus imperat). 승리한 상인과 그들의 돈에 대해 누가 감히 부정적 이야기를 할 수 있겠는가. 비슷한 맥락에서 메디치 가문에 대한 평가도 달라져 왔다. 동시대의 피렌체 사람들은 메디치 가문의 은행업을 곱지 않은 시선으로 바라보았고, 돈과 권모술수로 피렌체 정치권력을 장악한 메디치 가문의 지배에 저항해 반란이나 암살을 도모하기도 했다. 반면 오늘날 우리 사회에서는 메디치 가문을 긍정적 필치로 묘사하는 경우가 많다. 어떤 책에서는 르네상스 시대 예술과 문화를 후원했던 메디치 가문에게서 '노블레스 오블리주noblesse oblige'의 근대적 모범을 찾고, 메디치 가문의 사업과 경영에서 시대를 앞서간 창조경영을 배우자고 외친다. 기업인들은 이러한 외침에 공감하고 메디치 가문의 창조적 리더십을 배우려고 한다. 그러나 당시 경건한 기독교인에게 메디치 가문은 하느님을 기쁘게 하지 못하는 탐욕스러운 이자 대부업자였으며, 한미한 평민 신분을 감추기 위해 예술가들과 학자들에게 엄청난 돈을 주고 가문을 지지하게 만들었던 벼락부자였을 뿐이다.

상업과 상인에 대한 부정적 인식을 변화시키는 데 16세기 탄생한 프로테스탄티즘이 일정 정도 기여했다. 독일의 사회학자 베버Max Weber는 근대 프로테스탄티즘 윤리가 자본주의 발전을 촉진시켰다고 주장한다. 개신교 신자들 특히 칼뱅교도들은 직업에서의 성공이 구원의 증표라고 생각하고 직업 활동을 통해 적극적으로 부를 축적했으며, 그 과정에서 자본주의가 성장·발전할 수 있었다는 것이다. 베버의 주장이 맞는지는 모르겠지만, 오늘날 교회는 탐욕이라는 죄를 짓게 만드는 상업과 부를 단죄했던 중세적 교리를 버리고, 부를 긍정하고 때론 찬양하는 새로운 근대적 교리를 만들어 가고 있다. 시간은 참으로 많은 것을 바꾼다. 이제 상인이 신을 기쁘게 하는 세상이 되었다.

그리고
신의 이름으로

파라다이스가

사라졌다

중세 유럽사 수업 시간에 학생들에게 파라다이스, 즉 에덴동산(낙원)이 어디에 있느냐는 질문을 종종 던진다. 뜬금없는 질문으로 학생들을 곤혹스럽게 만든 것 같아 미안한 마음이 들지만 중세 유럽 세계와 당시 기독교인들의 심리 상태를 이해하는 데 필요하기 때문에 이 답할 수 없는 질문을 던진 것이다.

놀라운 사실은 중세 유럽의 기독교인들은 낙원의 위치를 '알았다'는 것이다. 그들은 아시아 동쪽 끝에 낙원이 있다고 굳게 믿었다. 중세 유럽의 기독교인들이 이렇게 믿게 된 근거는 창세기의 구절이었다. 창세기에서는 하느님이 동방에 에덴동산을 창설하셨고, 그 에덴동산에서 강이 발원하여 동산을 적시고 네 개의 강으로 갈라져 인간 세상으로 흘러나온다고 이야기한다. 중세 기독교인들은 티그리스강, 유프라테스강, 인더스강과 나일강을 낙원으로부터 흘러나오는 네 개의 강으로 생각했다. 성경을 문자

그대로 굳게 믿었던 중세 유럽 기독교인들은 낙원이 아시아 동쪽 끝에 있다는 것을 추호도 의심하지 않았다. 지리학자들은 낙원을 지도에 그려 넣었고, 교부와 신학자 들도 낙원이 지구상에 존재한다고 가르쳤다. 모두에게 낙원은 동쪽 끝에 실재하는 구체적인 공간이었다.

나일강에서 지상낙원으로부터 흘러나오는 알로에우드를 줍는 모습을 표현한 그림

13~14세기 몽골 시대 아시아를 직접 눈으로 보았던 유럽 사람들조차 자신들의 동방 여행기에서 존재하지도 않는 낙원에 대한 허구적인 이야기를 이어 나갔다. 중세 말 유럽에서 마르코 폴로의 《동방견문록》보다 더 많이 대중적 인기를 누린 맨더빌의 《맨더빌 여행기》가 대표적이다. "현인들의 말에 따르면, 지상낙원은 세상에서 가장 높은 곳에 있다. 어찌나 높은지 달이 돌고 있는 원궤도에 거의 닿을 정도다. 위에 있든 아래에 있든 온 세상의 땅을 휩쓸었을 노아의 홍수도 오직 그 높디높은 곳만은 닿을 수가 없었을 것이다. 이 낙원은 벽으로 빙 둘러싸여 있으

나, 그 벽이 무엇으로 만들어졌는지는 알 수가 없다. 그도 그럴 것이, 벽이 온통 이끼로 뒤덮여 있는지라 겉으로 보아서는 돌로 된 것인지 아니면 그 밖의 어떤 것으로 지은 것인지 종잡을 수가 없다. 그 벽은 남쪽에서 북쪽으로 뻗어 있고, 입구는 하나뿐인데 활활 타는 불로써 닫혀 있어서 죽어야 할 운명인 인간은 누구도 감히 들어갈 수가 없다." 맨더빌을 비롯한 유럽인들은 이렇게 낙원이 살아 있는 사람이 갈 수 있는 곳은 아니지만 지구상에 실제로 존재하는 공간이라고 확신했다.

낙원에 대한 상상은 또 하나의 상상 세계를 만들어 냈다. 그것은 프레스터 존이라는 왕이 다스린다는 기독교 왕국이 아시아 어딘가에 존재한다는 환상이었다. 그곳은 낙원에서 흘러나오는 강물이 땅을 적시고, 향신료와 보석이 지천으로 널려 있으며, 영토는 드넓어서 그 경계가 어디인지 모르는 지상낙원이다. 기독교인들은 프레스터 존의 왕국이 곧 이슬람 세계를 제압하여 서방 기독교 세계를 구원해 주기를 기대하기까지 했다.

그런데 아시아 동쪽 끝에 지상낙원이 있다는 믿음은 상상으로만 그치지 않았다. 유럽 기독교인들이 아시아를 동경하게 만들었으며 일부 사람들은 낙원을 찾아 모험 여행을 떠나기도 했으니 말이다. 에스파냐 왕실의 지원을 받고 인도 항로 개척에 나선 콜럼버스 역시 동방에 낙원이 있다고 확신했다. 아메리카에 도착한 콜럼버스는 자신이 아시아에 도착했다고 믿었고, 그곳에서 낙

헤리퍼드Hereford 지도(헤리퍼드 마파 문디)에 그려진 지상낙원과 네 개의 강, 13세기

원을 찾아다녔다. 결국 3차 항해에서 오리노코강 주변에서 낙원을 발견했다고 생각하고 이 기쁜 소식을 에스파냐 왕실에 알리기까지 했다. 그는 오리노코강은 낙원으로부터 흘러나오고, 강어귀에서 들리는 소리는 낙원의 소리라고 생각했다. 그러나 아메리카 내륙으로 정복이 진행되면서 콜럼버스의 생각이 틀렸음이 밝혀졌다. 대항해시대 유럽인들도 지구 곳곳을 돌아보았지만 결국 낙원을 찾지 못했다. 유럽 기독교인들은 그렇게 오랫동안 믿고 찾았던 낙원이 지구상에 없다는 슬픈 사실을 결국 받아들일 수밖에 없었다.

역사를 움직이는 것은 무엇인가? 그것은 때로는 비합리적인 듯 보이는 인간의 상상력이다. 유발 하라리Yuval Noah Harari가 인간이 동물과 다른 점은 신화 혹은 전설 같은 가상의 것을 상상하고 그에 대한 믿음을 만들어 내는 것이라고 했는데, 이것도 그러한 예가 아닌가 한다. 대항해시대 유럽이 새로운 항로를 개척한 것은 역사적 대전환을 이끈 중요한 사건이다. 이 사건을 설명하기 위해 역사가들은 대체로 금과 향신료에 대한 욕구를 거론해 왔다. 특히 비싼 값으로 거래되는 아시아의 향신료에 대한 안정된 보급로를 찾는 것이 유럽인들의 중요한 목표였다고 보았다. 그러나 이 중요한 사건 이면에는 그 유럽인들의 굳은 믿음도 있었다. 그 믿음이 지금 우리가 보기에는 허무맹랑해 보여도, 그것은 상상할 수 없을 정도의 역사적 전환을 만들어 냈다. 파라다이스는 사라졌지만, 유럽인들은 그 자리에서 일확천금의 기회를 찾았다. 그들은 아시아에서 향신료를 비롯한 엄청난 이익을 얻을 기회를 찾았고, 아메리카와 아프리카에서는 유럽인들을 위해 일해 줄 노예와 은을 찾았으니 말이다. 그러나 동시에 다른 대륙인들에게는 지옥문이 열린 것이었다.

그리고
신의 이름으로

설교자,

중세의 아이돌

한국 사회에서 아이돌idol은 인기가 많은 젊은 연예인, 주로 가수를 이른다. 하지만 원래 이 말은 우상을 의미하는 그리스어에서 유래했고, 그런 이유로 대중의 맹목적 지지나 인기를 누리는 사람을 뜻하기도 한다. 중세 유럽 사회에도 일종의 아이돌이 있었는데 바로 설교자들이었다. 유명한 설교자들은 대중적 인기를 누렸고 그들의 설교를 들으려고 사람들이 구름처럼 몰려들었다.

중세 유럽 기독교 사회에서 설교는 일반 평신도들에게 교리를 전달하고 가르치는 핵심 수단이었다. 하지만 중세 초기엔 지식인의 언어인 라틴어로 설교했기에 일반인들은 무슨 소리인지 알 수 없었다. 12~13세기 들어 속어로 설교가 이뤄지면서 설교의 대중적 호소력은 높아졌다. 교황 인노켄티우스 3세는 북동 유럽에 복음을 전파하고 십자군에 동참을 호소하고 유럽 내부의 이단을 척결하기 위해 대중 설교를 독려했다. 중세 말 도시를 순회하면서 대중 설교를 주도했던 사람은 프란체스코 수도회와 도미니쿠스 수도회 소속 탁발 수도사들이었다.

중세 말 이탈리아 도시민들에게 많은 인기를 얻었던 대표적 설교자는 도미니쿠스 수도회 수도사 조반니 도미니치와 프란체스코 수도회 수도사 베르나르디노 다 시에나였다. 당시의 여러 증언에 따르면 피렌체 시민들은 도미니치의 설교에 열광했다. 그의 설교를 듣고 감동을 받은 공증인 라포 마체이는 상인 프란체스코 다티니에게 보낸 편지에서 "그만큼 훌륭한 설교를 결코 들어본 적이 없고, 그의 설교가 보여 준 명백한 진실에 감동해서 눈물까지 흘렸다"라고 했다. 베르나르디노의 설교 기술도 현란했다. 그는 "여러분은 개구리가 어떻게 이야기하는지를 아십니까? 개구리는 개굴개굴이라고 말하지요. 거기 주무시는 여자분! 당신도 악마 루시퍼가 떨어졌던 똑같은 구덩이에 떨어지지 않도록 주의하세요!" 등 생동감 있는 문장과 구체적이고 익숙한 이미지를 활용해 대중을 즐겁게 했다.

현대인의 관점에서 보면 중세 설교는 여성에 대한 차별과 비하, 유대인과 이단에 대한 혐오와 배제, 동성애자 비난, 악마의 유혹과 저주, 죽음과 지옥에 대한 공포, 수많은 기적 등 차별적이고, 불관용적이며, 환상적인 이야기들로 가득하다. 설교자들은 "혐오스러운 단어들"이 나오면 침을 뱉으라고 주문하기도 했다. 그러나 당시 사람들은 이런 자극적 설교에 환호했다. 그렇지만 교

조반니 디 세르 조반니 구이디, 〈설교하는 산 베르나르디노 다 시에나〉, 15세기,
버밍엄미술관 소장

황청 서기이자 박식한 인문주의자였던 포조 브라촐리니는 당시의 설교자들을 다음처럼 신랄하게 비판했다. "설교자들의 이야기가 너무 황당해서 매우 엄격하고 격식을 따지는 사람조차 폭소를 터뜨리게 만든다. 허둥지둥 몸을 흔들고 미친 사람처럼 목소리를 높였다가 갑자기 목소리를 낮추고 부드럽게 이야기한다. 손으로 탁자를 강하게 내리치고 종종 웃기도 한다. 다양한 모습과 예언 능력이 있는 해신 프로테우스처럼 보이기 위해 여러 방식으로 사람들을 꾸짖는다. 그래서 그들은 실제로 설교자라기보다는 원숭이처럼 보인다." 시대를 앞서간 르네상스 인문주의자 포조에게 대중 설교는 웃기는 촌극에 지나지 않았던 셈이다.

그리고
신의 이름으로

Miscellanea,
역사의 상상

고려 왕에게

편지를 보낸 교황

1333년 교황 요하네스 22세가 고려의 왕에게 쓴 것으로 추정되는 편지에 관한 이야기를 처음 접한 것은 2016년 9월 무렵이었다. 한 인터넷 기사에 따르면 교황이 고려의 충숙왕에게 서신을 보냈다는 것이다. 이 편지가 사실이면 우리 역사에서 굉장히 중요한 발견일 것이라는 전문가의 인터뷰도 함께 실려 있었다. 이후 이 이야기를 다룬 역사 다큐멘터리 영화 〈직지코드〉와 김진명의 소설 《직지》까지 나왔다. 이 이야기는 한국 사람의 자긍심과 애국심을 드높일 수 있는 소재임이 분명하다. 14세기 초반에 이미 교황이 고려 왕에게 편지를 보낼 정도로 고려의 명성이 유럽에까지 알려져 있었다고 자랑하고, 유럽과 한반도의 교류사를 250년 이상 앞당겨 서술할 수 있기 때문이다.

편지의 수신인을 고려 왕으로 추정하는 근거는 'Rex Corum 렉스 코룸'이라는 두 단어다. 라틴어로 렉스는 왕을 뜻하고, 코룸은

왕이 다스리는 왕국의 명칭을 나타내는 소유격 형용사다. 코룸이라는 단어가 고려를 뜻하는 코레아Corea와 발음이 유사하기 때문에 렉스 코룸이 고려의 왕이라는 해석이다. 그러나 라틴어의 격 변화를 정확히 지켰다면 Rex Corum이 아니라 Rex Coreae(고려의 왕)나 Rex Coreanorum(고려인들의 왕)이라고 써야 했을 것이다.

이러한 의문에서 출발해 3년간 자료를 조사하고 연구해 알아낸 이야기는 대략 다음과 같다. 교황 요하네스 22세가 '렉스 코룸'에게 서신을 보내게 된 직접적 동기는 초대 베이징 대주교였던 몬테코르비노가 사망한 후 후임 대주교를 당시 몽골제국의 수도였던 대도(현재의 베이징)로 파견하기 위해서였다. 교황은 후임 대주교 니콜라스에게 세 명의 몽골 군주에게 전달할 친서를 맡겼다. 대 칸, 킵차크의 칸 그리고 코룸의 왕이 바로 그들이었다. 코룸의 왕은 타르타르, 즉 몽골인들의 왕이고, 이름은 소코 데 키기스타였다. 교황은 그에게 왕국에 있는 기존의 기독교 신자들뿐만 아니라 새로운 기독교 신자들에게도 계속해서 호의를 베풀어 달라고 부탁한다.

하지만 사절단은 킵차크한국을 경유해 차가타이한국의 수도 알말리크까지 가는 데는 성공했지만, 최종 목적지인 베이징에 도달하는 데는 실패했다. 신임 대주교 일행이 베이징에 도착하지 못하자 1336년 대 칸 토곤테무르는 아비뇽 교황청에 사절단

교황의 편지

을 보냈고, 몽골 사절단을 접견한 교황 베네딕투스 12세는 1338
년 새로운 베이징 대주교를 임명해 파견했다. 교황은 베이징으로
가는 길에 통과하게 될 킵차크한국과 차가타이한국의 칸들에게
전달할 친서를 작성해서 사절단에 맡겼다. 1333년 친서를 보내
게 된 배경과 친서의 핵심 내용 그리고 1333년 사절단의 실패와
1338년 2차 사절단의 파견 등을 근거로 판단하면 '의문의 왕'이
다스리는 왕국은 사신들의 최종 목적지인 대도로 가는 도중에 있

는 것으로 추정할 수 있다.

렉스 코룸을 고려의 왕으로 볼 수 없는 또 다른 근거는 당시 유럽 사람들이 고려를 코레아가 아니라 카울리(또는 카울레)로 불렀다는 사실이다. 게다가 지금까지의 연구에 따르면 코레아라는 명칭은 16세기에 처음으로 등장한다.

네로,

성군인가 폭군인가

로마 최악의 황제로 꼽히는 인물은 네로일 것이다. 그는 어머니와 이복동생을 살해한 패륜아, 베드로와 바울을 처형하고 기독교를 박해한 폭군, 요한계시록에 나오는 적그리스도, 성적으로 타락한 난봉꾼, 로마시에 불을 지르고 하프를 연주한 미치광이 등 온갖 추악한 모습으로 서술되곤 한다.

네로에 대한 이런 부정적 이미지는 모두 사실일까? 네로에 관한 이미지는 주로 타키투스가 저술한 《연대기》를 통해 만들어졌다. 이 책은 네로가 죽은 후 50년이 지나서 저술됐다. 네로 시대를 직접 경험하지 않은 타키투스는 네로 시대에 살았던 플리니우스가 쓴 저술을 참조했다. 플리니우스는 네로를 "인류의 파괴자", "세계의 독약"이라고 맹렬히 비난했다. 플리니우스는 네로 시절 정치적 탄압을 받았고, 네로 사후 율리우스-클라우디우스 황제 가문의 지배가 끝나고 새로 정권을 잡은 베스파시아누스 황제를 열렬히 지지한 인물이다. 새로운 황제는 네로를 혹평함으로써 새로운 왕조의 정당성을 확보하기를 원했고, 어쩌면 플리니우스는 새로운 정권의 나팔수 역할을 했을 수도 있다.

기독교가 유럽의 지배 종교가 된 이후에는 기독교를 박해한 최초의 로마 황제 네로에 대한 공정하고 객관적인 평가는 더욱 어려워졌다. 네로는 요한계시록에 나오는 적그리스도이자, 부활한 그리스도에 맞서는 악마로 묘사되었다. 네로에 대한 부정적 이미지를 대중에게 전파하는 데 가장 큰 공을 세운 것은 다름 아닌 20세기에 제작된 영화들이었다. 미국 파라마운트 영화사가 제작한 〈십자가의 징표〉는 네로를 히틀러에 비유했고, 영화 포스터에 방탕한 모습의 네로를 그려 냈다. 굶주린 사자에게 기독교인들을 던져 넣고 즐거워하는 네로는 포악한 기독교의 적이었다.

그러나 이와는 정반대의 서술들도 있다. 로마제국의 번영을 만들어 낸 오현제(다섯 명의 현명한 황제들)의 한 명으로 칭송받는 트라야누스 황제는 네로가 다스린 5년만큼 태평성대도 없었다고 이야기했다. "네로는 자신의 양부와 같은 햇수 동안 통치하면서도 그중에서도 5년 동안 특히 그 도시를 향상시키는 일에서 매우 훌륭한 업적을 남겼다. 트라야누스는 다른 어느 황제도 네로의 5년에 미치지 못한다고 종종 말했는데 그것은 옳은 판단이었다"(섹스투스 아우렐리우스 빅토르, 〈황제전〉). 또 다른 기록은 네로가 사망한 후 한동안 로마의 평민들이 그의 무덤에 꽃을 바쳤다는

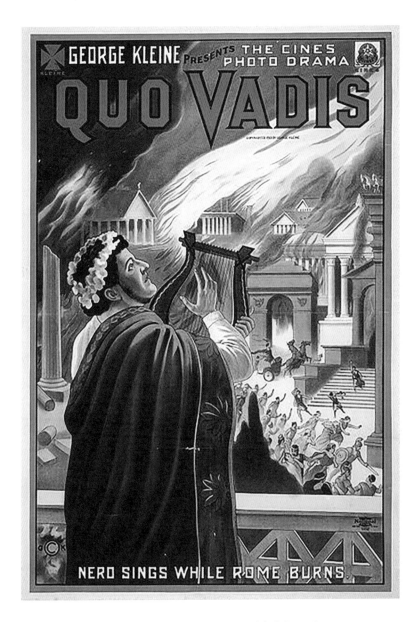

불타는 로마를 보면서 하프를 연주하는 네로를 표현한 영화 포스터, 1912

이야기를 전해 준다.

어떤 이야기가 맞을까? 대중에게 알려진 기존의 부정적 이미지와는 달리 최근 학계의 연구는 네로의 치세를 좀 다른 시각에서 설명한다. 이에 따르면 네로는 제정 초기 불안정한 황제 지위를 공고히 하기 위해 평민의 지지를 확보하는 과정에서 기득권 세력이었던 원로원과 갈등을 겪게 되었고 결국 몰락했다. 그래서 실권을 갖게 된 원로원 출신들이 정적이었던 네로를 강하게 비판했고, 기독교 신학자들은 그를 적그리스도라는 악마로 만들었다.

303년 기독교를 박해했던 로마 황제 디오클레티아누스에 대한 후대의 평가도 네로와 유사하다. 박해를 직접 경험한 락탄티우스는 "디오클레티아누스는 범죄를 발명한 자요, 사악한 자였다. 모든 걸 파멸시켰을 때 그는 신에게도 손을 대지 않을 수 없었다. 그는 탐욕과 비겁함으로 세상을 뒤집어 놓았다. 자기 제국을 네 부분으로 분할했고 군대를 몇 배로 늘렸다"라면서 분노했다. 그는 디오클레티아누스의 모든 정책을 비판했고, 기독교를 박해해 불행한 최후를 맞았다고 비아냥댔다. 반면 100년 후에 오로시우스는 "인류에게 그때까지 알려지지 않았던 상태가 도입되었다. 다른 어떤 것보다도 공공의 안녕을 걱정하는, 군은 단결과 공동의 권력 행사로 특징 지워지는, 상호 이해에 기반한 여러 통치자의 공동체가 도입되었다"라며 4분할 정치를 칭송했다.

무엇이 진실일까? 역사에서 객관적 진실을 찾기는 매우 어렵다. 역사 사료들이 과거를 있는 그대로 보여 주지 않기 때문이다. 사료의 기록자는 자기 입장에서 자신에게 유리하게 사건이나 인물을 평가한다. 또한 자신이 속한 집단의 사회적 요구에 일정 정도 영향을 받는다. 정치적, 종교적으로 의견이 다른 경우 상대방에 대한 평가는 더욱 가혹하고 편향되기 마련이다.

얼마 전 우리 사회에서는 법무부 장관 임명을 둘러싸고 '진실 공방'으로 여론이 극단적으로 분열된 적이 있다. 언론과 인터넷 커뮤니티 등에서는 각자의 해석이 진실이라며 목청을 높이기도 했다. 앞서 언급한 로마 황제에 대한 기록과 평가에서 보았듯이 우리 사회에서 벌어지고 있는 여론전에서 누가 진실을 말하고 있는지를 정확히 파악하기는 어렵다. 대다수의 사람은 진실을 알 수 있는 정보를 가지고 있지도 않고 그럴 위치에 있지도 않기 때문이다. 따라서 대중 매체들이 하는 이야기를 아무런 비판 없이 믿고 행동하는 것은 최소한 피해야 한다. 이런 때일수록 정보의 진위 여부, 객관성 여부, 왜곡과 과장 유무 등을 비판적으로 검토하는 일이 필요하다.

Miscellanea
역사의 상상

사비니 여인

납치 사건

고대 로마제국을 이야기할 때 흔히 로마의 평화, 포용성, 선진 문명 전파 등을 언급한다. 모든 길은 로마로 통한다는 속담은 로마가 정복한 지역에 기반 시설을 구축하고 경제를 발전시킨 사례로 거론된다. 《로마인 이야기》로 국내에 널리 알려진 시오노 나나미는 역사적으로 민족의 차이, 문화의 차이, 종교의 차이를 인정하고 그것들을 모두 감싸 안은 보편 제국을 수립한 것은 로마뿐이라면서 로마의 포용력을 칭송한다. 또 많은 역사가가 정복과 피의 대가로 세운 로마의 질서를 팍스 로마나Pax Romana, 즉 로마의 평화라고 부른다.

이외에도 로마제국의 위대함을 강조하고 로마의 역사를 미화하는 저작들은 넘쳐난다. 그러나 위대한 문명을 이룩했던 로마의 초기 역사는 음모, 폭력, 친족 살인, 납치와 강탈 등 야만적 이야기로 가득하다. 그중에서 가장 유명한 것은 고대 로마를 건설한 로물루스와 레무스 형제에 관한 이야기로, 그들 형제가 암늑대의 젖을 먹고 있는 그림이 잘 알려져 있다. 이들 형제는 태어나자마 자 외할아버지의 왕위를 찬탈한 작은 외할아버지에 의해 살해될 위기에 처했지만 온갖 시련과 역경을 극복하고 다시 권력을 잡았 다. 외할아버지의 권력을 다시 찾은 두 형제는 곧바로 경쟁 관계 에 들어갔고 형인 로물루스는 결국 동생을 살해하고 로마라는 나 라를 세웠다.

로물루스는 국력을 강화하기 위해 망명자, 탈주 노예, 범죄자 등을 이주민으로 받아들였다. 이 과정에서 여성이 부족해지자 성 대한 축제를 여는 척하고 초대에 응한 다른 부족들의 여성들을 강탈했다. 고대 로마의 작가 리비우스에 따르면, 이러한 상황에 서 로물루스는 이 모든 사태의 원인이 주변 부족들의 오만에 있 다고 주장하기 시작했다. 여성들의 오만한 부모가 부족 간 통혼 을 거부해 이런 일이 벌어졌으며 잘못은 그들 부모에게 있다는 것이다. 하지만 딸과 누이를 잃은 주변 부족들의 분노는 쉽게 가 라앉지 않았고, 이들 민족 중 가장 강력했던 사비니인들은 3년 후 로마를 공격했다. 양측은 밀고 밀리는 치열한 공방전을 펼쳤 다. 리비우스에 따르면 이때 사비니 여인들은 머리카락을 풀어 헤치고 옷을 찢으면서 분노하는 양쪽 전사들을 떼어놓았다 한다. 그리고 아버지와 이미 남편이 된 로마 병사들이 서로 피를 흘리 는 저주를 피해 달라고 간곡히 호소했다고 한다. 리비우스는 이

175

러한 호소 덕분에 양쪽은 평화조약을 체결했고, 공존을 도모하기 시작했다고 적었다.

더욱 기막힌 것은 이 사건을 계기로 고대 로마인들이 납치를 통한 강제 결혼을 기억하고 기념했다는 것이다. 이후 로마인들은 결혼식에서 신부 행차 시 "탈라시우스Talasius"라고 외치는 관행을 만들어 냈다. 리비우스의 설명에 따르면 납치한 여성 중 월등하게 아름다운 여성이 있었는데 이 여성을 납치한 한 무리의 종복들이 누구 집으로 데려가느냐는 질문에 자신들의 주인 탈라시우스라고 외쳤고 이것이 결혼식 풍습의 기원이 된 것이다. 충격적이게도 플루타르코스와 키케로는 이 납치 사건을 로마 사회의 초석이자, 로마식 결혼의 기원이자 정수로 간주했다.

로마인 리비우스는 로마인 편에서 이 사건을 정당화했고, 그의 해석에 당대인들은 동의했다. 고대 로마의 시인 베르길리우스는 〈아이네아스〉에서 로마 건국의 조상인 안키세스의 입을 빌려 "당신, 로마인이여. 당신들의 권위로 다른 민족들을 지도해야만 한다는 것을 기억해야 한다. 왜냐하면 당신들은 이런 기술을 가지고 있기 때문이다. 즉 전통을 접목하여 평화를 일구고 정복당한 자에게 자비를 베풀며 거만한 자들과는 그들이 굴복할 때까지 싸우는 것이다"라면서 로마가 다른 민족을 침략하고 정복한 것이 로마의 운명이고 정복이 평화와 자비를 가져다주었다며 자신들의 역사를 정당화하고 있다.

니콜라 푸생, 〈사비니 여인 납치〉, 1635, 메트로폴리탄미술관 소장

이런 식의 해석은 침략자인 제국의 논리다. 사비니 여인 납치는 어떤 이유에서도 정당화될 수 없는 강제 납치이자 겁탈이었다. 이러한 일들이 전쟁을 하다 보면 흔히 있는 불행이며 이후 로마와 사비니가 연합하여 위대한 로마 건설에 동참했다고 해서 이 명백한 폭력을 평화와 통합으로 정당화하고 미화할 수는 없다. 마찬가지로 아시아의 여러 국가를 침략했던 유럽 국가들이 이 침략이 근대화를 가져왔다고 미화하고 더 나아가서는 백인의 책무라고까지 주장하는 것 또한 침략 행위를 문명 전파로 포장하는 것이다. 일본이 한반도에 선진 문명과 기술을 전파하고 한반도를 근대화시켰다는 주장 또한 제국주의 침략을 정당화하는 것에 다름 아니다. 일제가 철도, 병원, 근대식 건물 등을 건설한 것은 한반도의 자원을 효과적으로 수탈하기 위해서였지 조선의 근대화를 위한 것이나 조선인과 근대 문명의 혜택을 함께 나누는 박애주의 행위가 아니었다.

"로마인들은 약탈하고 살해하고 강탈했다. 이를 제국이라 잘못 부르고 있다. 그들은 황폐화시켜 놓고 이를 평화라고 부른다"라고 말한 타키투스의 비판이 공정하고 객관적인 역사 평가일 것이다. 사비니 여인 납치 사건을 말 타고 칼과 창을 들고 있는 병사들이 순수한 어린아이와 비무장 여인을 짓밟는 모습으로 그려낸 피카소의 그림이 역사적 진실을 반영한다.

중세 최악의

가짜 뉴스

가짜 뉴스라는 유령이 인터넷, 모바일, 텔레비전을 배회한다. 매일 수많은 가짜 뉴스가 만들어지고 이곳저곳으로 퍼져 나간다. 가장 염려스러운 문제는 근거도 없고, 허무맹랑하기 이를 데 없는 가짜 뉴스들을 사람들이 믿고 다시 퍼뜨린다는 것이다. 가짜 뉴스는 허상을 만들고 이렇게 만들어진 허상은 때론 실제보다 더 큰 힘과 파괴력을 갖는다. 가짜 뉴스는 역사를 왜곡하고 선거의 결과를 바꾸며 무고한 사람의 목숨을 빼앗기도 한다. 무엇보다도 가짜 뉴스는 확증 편향이라는 인간의 심리적 경향성을 잘 파고든다. 확증 편향이란 원래 가지고 있던 생각이나 신념을 확인하려는 경향으로 사실보다는 자신이 보고 싶은 것만 보고 믿고 싶은 것만 믿는 심리다. 자신이 싫어하는 사실은 외면하거나 부인하며 거짓으로 여기지만, 자신의 성향에 맞는 가짜는 쉽게 수용하는 것이다.

내가 공부하는 중세 유럽 사회에서도 가짜 이야기와 허무맹랑한 거짓들이 넘쳐났다. 그중 하나가 하늘에서 내려온 편지였다. 중세 기독교인들은 "하늘에서 예수와 그의 대리인들이 보낸 편지"를 진짜라고 확고하게 믿었다. 중세 최악의 가짜 뉴스는 아마 "사제 요한 이야기"일 것이다. 이 거짓 이야기가 400년 동안 유럽뿐만 아니라 아시아와 아프리카 세계를 떠돌아다녔기 때문이다.

유럽에 이 이야기가 퍼지기 시작한 것은 12세기 중엽이었다. 1145년 교황청을 방문한 자발라(시리아)의 주교 위고는 교황에게 동방의 십자군이 처한 어려운 상황을 설명하면서 이슬람 세계 너머에 네스토리우스교(동방으로 전파된 기독교의 한 분파)를 믿는 사제 요한이 다스리는 위대한 왕국이 있으며 이 요한 왕이 페르시아 군대를 물리친 이야기를 전달했다. 이로부터 약 20년 후인 1165년경 존재하지도 않는 사제 요한이 비잔티움 황제 마누엘 콤네누스에게 편지까지 보내왔다. 가짜 요한은 편지에서 자신을 기독교를 믿는 사제이며 아시아에 있는 거대한 왕국의 왕이라고 소개하면서 비잔티움 황제에게 자신의 왕국을 방문해 많은 것을 함께 나누자고 청한다. 그리고 가짜 요한은 중세 최고의 허풍스러운 이야기를 지어낸다. "우리 왕국은 세 개의 인도를 지배하고 있으며 사도 도마의 육신이 안식을 취하고 있는 남부 인도까지 뻗어 있습니다. 또한 우리 왕국은 사막을 가로질러 태양이 뜨는 곳까지 닿아 있습니다.", "72개의 왕국이 우리에게 복종하고 공물을 바치고 있습니다.", "지상낙원에서 흘러나오는 비손이라 불리는 강이 우리 왕국을 통과합니다.", "우리 왕국 전체에 꿀과 우유가 넘쳐납니다.", "궁정에서는 매일 3만 명이 식사를 합니다.", "매달 일곱 명의 왕, 62명의 공작, 365명의 백작이 우리 궁정을 방문해 식사 시중을 들고 있습니다."

가짜 요한 왕이 비잔티움 황제에게 편지를 쓴 궁극적인 이유는 기독교인들 간의 반목과 갈등을 멈추고 그 힘을 이슬람을 공격하는 데 쓰자는 것이었다. 그의 편지는 일종의 정치적 선동이었다. 당시 기독교 사회에서는 이슬람에 대한 혐오를 불러일으키는 가짜 뉴스를 끊임없이 만들어 유포시켰다. 십자군 시절 기독교 저술가들은 이슬람에서 술과 돼지고기가 금지된 이유는 무함마드가 술에 만취한 채 돼지에게 잡아먹혀 죽었기 때문이라거나, 술과 돼지고기를 먹고 취한 천사가 여자를 유혹하려 했기 때문이라는 터무니없는 거짓말을 날조했다. 이슬람의 창시자 무함마드에 관해서는 더 다양한 가짜 뉴스들이 만들어졌다. 무함마드는 미천한 신분으로 돈 많은 과부를 속여 결혼해서 마술과 간계를 써서 권력을 장악했고, 사람들의 환심을 사기 위해 방탕과 혼음을 허용했다는 음해성 이야기들이 널리 퍼져 있었다. 무함마드를 간질병 환자로 취급하거나 로마 교황으로 선출되지 않자 화가 나 아라비아로 가 버린 타락한 추기경이라는 헛소문도 떠돌았다.

물론 이슬람이 기독교의 하느님을 비록 서로 다른 방식이긴

181

디오구 오멩, 〈사제 요한 왕이 즉위한 동아프리카〉 속 요한 왕, 1559,
대영도서관 소장

하지만 믿고 찬양하고 숭배하며, 마리아와 모세와 같은 기독교의 예언자들을 공경하고 가난한 사람들을 동정한다는, 사실에 가까운 이야기들도 있었다. 그러나 '사제 요한 이야기'라는 가짜 뉴스에서 알 수 있듯이 중세 유럽의 기독교 사회에서는 허구와 터무니없는 이야기들이 진실보다 더 큰 힘을 발휘했다. 문제는 이 가짜 이야기들의 힘이 때론 폭력적이었다는 사실이다. 사제 요한은 비잔티움 황제에게 보낸 편지에서 기독교인들 간의 싸움을 멈추고 십자군을 도와 이슬람을 물리칠 것을 촉구했다. 종종 '하늘 편지'도 이슬람을 몰아내고 예루살렘을 구하라는 하늘의 메시지를 전달했다. 가짜 뉴스와 악의에 찬 선동에 현혹된 농민들과 기사들은 무기를 들고 십자군으로 떠났고 도중에 유대인 마을을 약탈하고 학살을 저지르기도 했다. 실제로 3차 십자군 참가자들은 성지로 가는 도중 임신부는 물론 남녀노소를 가리지 않고 2500명에 이르는 유대인을 무차별 학살했다. 거짓도 다수가 인정하고 받아들이면 진실이 된다. 토마스 만Thomas Mann은 "진실이 아닌 것을 진실로 만드는 것은 궁극적으로 모두 폭력이다"라며 가짜와 위조가 진실을 압도했던 중세 유럽 사회의 모습을 비판했다. 그의 비판은 오늘날 우리 주변을 배회하는 가짜 뉴스의 위험성에 경각심을 불러일으킨다.

역사를

위조하려는 자들

중세 유럽은 '위조의 시대'였다. 당시의 위조문서는 우리의 상상을 훌쩍 뛰어넘을 정도로 방대했다. 실제로 프랑스 고대 왕조인 메로베우스 시기에 작성된 문서의 반이 위조문서였다. 문서를 위조한 사람은 주로 성직자들이었고 이들은 위조를 부끄럽게 생각하기는커녕 오히려 신의 뜻을 따랐기에 천국으로 갈 수 있다고 확신하기까지 했다.

중세 최악의 위조문서는 단연코 '콘스탄티누스 기진장寄進狀'일 것이다. 이 문서의 핵심 내용은 로마제국 황제였던 콘스탄티누스가 자신의 나병을 치료해 준 교황 실베스테르 1세에게 감사의 표시로 로마 서부에 대한 통치권을 교황에게 양도했다는 것이다. 이 문서는 중세 교황의 세속 지배권을 뒷받침해 주는 가장 강력하고 설득력 있는 증거로 사용되었다. 11세기 이후 교황들은 신성로마제국 황제와의 싸움에서 이 문서를 근거로 교황의 권력이 세속 군주의 권력보다 우위에 있다고 주장하기도 했다.

그러나 사실 이 문서는 8세기경에 위조된 가짜였다. 아마도 8세기 무렵 위기에 처한 교황청이 이를 타개하기 위해 만들었을 것으로 추정한다. 교황청은 동로마 황제의 간섭에서 벗어나 사실상의 독립을 쟁취하고 더 나아가 서유럽 세계에 대한 지배권을 주장하기 위해 이 문서를 위조했던 것 같다. 이후 교회는 교회국가의 근거를 마련해 준 이 증여 문서를 금과옥조로 여겼고 이 문서를 논박하는 사람을 이단으로 간주했다.

하지만 시간이 갈수록 이 문서를 의심하는 사람들이 생겨났다. 급기야는 1440년 이탈리아 인문주의자 로렌초 발라가 〈콘스탄티누스 기진장의 위조에 관한 선언〉에서 역사적 시대착오, 문헌학적 오류, 논리적 모순이라는 근거들을 제시하면서 이 문서가 위조임을 밝혔다. 그는 이 위조 행위를 범죄, 살인, 재앙으로 규정하고 신랄하게 비판했으며, 교회가 이런 엄청난 범죄의 주체이고 그토록 다양한 죄악의 기원이라는 사실을 알고서 교황권을 옹호할 수 없다고 목소리를 높였다. 그는 자신이 이러한 행동을 하는 것은 교황에 대한 개인적 증오심 때문이 아니라 종교와 진실을 위해서였다고 덧붙였다.

이에 교황청은 발라의 주장이 가짜라면서 책의 출판을 금했고 한술 더 떠서 대대적으로 콘스탄티누스 띄우기 작업을 진행했다. 16세기 초 교황 율리우스 2세는 교황청 내에 콘스탄티누스와 185

관련된 역사를 프레스코화로 그리라고 명령했다. 이 작업을 맡은 사람은 당시 젊은 신예였던 라파엘로였다. 하지만 라파엘로는 이를 완성하지 못하고 죽었고 그의 제자들이 작업을 마무리했다. 그 결과 '콘스탄티누스 방'은 〈십자가 계시〉, 〈밀비오다리 전투〉, 〈콘스탄티누스의 세례〉, 〈로마의 증여〉라는 웅장한 프레스코 그림 네 폭으로 탄생했다. 콘스탄티누스 황제가 로마 근처에 있는 밀비오다리에서 막센티우스와의 전투를 앞두고 구름 속에 나타난 십자가의 계시를 받고 전쟁에서 승리한 후 기독교로 개종하고 최종적으로 로마제국 서부에 대한 통치권을 교황에게 양도하는 허구의 대서사시가 창조되었다. 콘스탄티누스 황제가 공손하게 무릎을 꿇고서 교황 실베스테르 1세에게 문서를 바치고 있는 〈로마의 증여〉는 역사적 사실과는 너무 동떨어져 있으며, 게다가 라파엘로의 제자들은 당시 메디치 가문 출신 교황 클레멘스의 얼굴을 교황 실베스테르 1세로 그려 넣기까지 했다.

1517년에 가서야 독일에서 출판될 수 있었던 로렌초 발라의 책자를 나중에 구해서 읽고 충격을 받은 루터는 지인에게 쓴 편지에서 "나는 콘스탄티누스 기진장이 위조라는 로렌초 발라의 책자를 손에 넣었습니다. 맙소사, 로마에 깃든 어둠과 사악함이 어느 정도인지! 그런 믿을 수 없고, 어리석고, 뻔뻔한 거짓들이 수세기 동안 존속했을 뿐만 아니라 널리 퍼져 교회법에 편입되어 신앙의 교리가 되게 만드신 하느님의 뜻이 의아해지실 겁니다"

라며 위조 행위를 개탄했다.

역사적 사실을 왜곡하거나 부인하고 지난 과거의 잘못을 인정하지 않는 일들은 여전히 계속되고 있다. 2차 세계대전 당시 신념에 찬 나치주의자이자 반유대주의 이데올로기에 충실했던 아이히만Karl Adolf Eichmann은 1962년 예루살렘 법정에서 자신이 유대인을 박해한 것은 상부의 지시에 따라 어쩔 수 없이 이뤄진 일이었다면서 자신이 저지른 '인류에 대한 범죄'를 부인했다. 일본의 일부 우익 인사들은 여전히 일제강점기 위안부 존재 자체를 부정하고 있다.

그리고 그와 똑같은 일들이 우리나라에서도 벌어지고 있다. 5·18민주화운동을 부정하고, 반민특위가 국민을 분열시키고 전쟁을 가져왔다는 식으로 말이다.

이러한 부정과 왜곡과는 품격이 다르게 1985년 당시 서독 대통령이었던 바이츠제커Richard von Weizsäcker는 종전 40주년 기념 연설에서 "우리가 우리 역사를 솔직하게 대하면 대할수록, 우리는 우리가 짊어져야 할 그 결과의 책임으로부터 더욱더 자유로워집니다", "우리 모두는 죄가 있건 없건 또한 젊으나 늙으나 이 과거를 받아들여야 합니다. 우리 모두는 그 과거의 결과를 넘겨받았고 그에 대한 책임을 갖고 있습니다"라면서 과거 나치가 저지른 잘못에 대한 반성과 성찰을 촉구했다.

라파엘로, 〈콘스탄티누스 기진장〉, 1520~1524, 바티칸미술관 소장

브루노, 종교개혁의

또 다른 주인공

국정 역사교과서 논란이 한창일 때 대부분의 역사 전공자들은 이러한 시도와 발상 자체가 역사의 기본도 모르는 무지함에서 나왔다고 생각했다. 반면 많은 사람이 국정 교과서가 그렇게 문제가 많은 것인지 반문하기도 했다. 아마 과거의 진실은 하나며 중요한 역사적 사건과 인물에 대한 설명도 객관적인 정답 하나가 있다고 생각하기 때문일 것이다.

하지만 역사의 기초를 조금만 배워도 이러한 생각이 틀렸다는 것을 쉽게 이해할 수 있다. 첫 번째 이유는 우리나라에도 많이 알려진 영국의 역사가 카Edward Hallett Carr가 《역사란 무엇인가》에서 정확하게 지적했듯이 과거는 있는 그대로를 보여 주지 않기 때문이다. 과거를 밝혀 줄 수 있는 증거 자료인 사료는 그 자체에 주관적 편견과 왜곡이 담겨 있기에 과거를 사실 그대로 보여주지 못한다. 전 대통령의 회고록이 5·18민주화운동을 왜곡했다는 이유로 판매 금지된 사례에서 잘 알 수 있듯이 과거를 보여 주는 기록 자체를 신뢰할 수 없다. 특히 독재 정권 시절에 관 주도하에 생산된 역사는 역사적 사실이 아니라 일그러지고 왜곡된 거짓들이기 십상이다. 이러한 사료의 불완전함 때문에 과거의 실체를 명확하게 규명하기가 쉽지 않다. 정치인들과 같은 비전문가들이 역사를 바로잡겠다고 주장하는 것은 자신들의 이해관계를 관철시키기 위한 핑계일 뿐이다. 역사를 소비하는 일은 상대적으로 쉽지만, 객관적으로 역사를 서술하기 위해서는 사료에 대한 냉철한 비판과 전문 지식이 필요하다.

역사를 객관적으로 서술하기 어려운 두 번째 이유는 과거의 모든 일을 다룰 수 없기 때문이다. 우선 어떤 사건과 인물을 다룰지 선택해야 한다. 그다음에는 선택한 사건과 인물을 어떻게 이야기할지 고민해야 한다. 수업 시간에 학생들에게 종교개혁에 대해 설명할 때 이와 같은 문제에 종종 직면한다. 고등학교 세계사 교과서를 저술하면서도 비슷한 문제에 직면했었다. 교과서 편찬 기준에 근거해 만들어진 고등학교 세계사 교과서들은 루터가 교회의 면벌부 판매를 비판하면서 종교개혁을 시작했고, 종교개혁이 확산되면서 신교와 구교의 대립이 종교전쟁으로 이어졌으며 최종적으로 종교를 선택할 자유가 허용되었다고 설명한다. 대표적 종교개혁가인 루터와 칼뱅이 종교개혁을 주도했다는 것에 초점을 맞춰 종교개혁 역사를 설명하는 것이다.

서양 역사를 전공하는 사람으로서 종교개혁을 이런 방식으로 설명하는 것이 최선일까 하는 의구심이 생긴다. 역사를 배우는 중요한 이유는 과거의 시행착오를 통해서 좀 더 나은 미래를 설계하는 것이다. 그런 맥락에서 보면 유럽의 종교개혁을 통해 우리가 배워야 하는 가장 핵심 내용은 종교적 관용일 것이다. 종교적 편협함 때문에 무고한 목숨이 얼마나 많이 희생되었는지 보여 줌으로써 다시는 이처럼 불행한 역사가 반복되지 않게 하는 것이다.

그래서 나는 종교개혁 역사를 설명할 때 루터와 칼뱅 이외에 조르다노 브루노라는 사람을 언급한다. 루터와 칼뱅을 아는 사람은 많지만 브루노를 아는 사람은 매우 드물다. 오랫동안 루터와 칼뱅을 통해 종교개혁을 설명해 왔기 때문이다. 부르노는 16세기 중엽 남부 이탈리아에서 태어나 나폴리에서 그리스어와 라틴어로 된 고전문학을 공부한 도미니쿠스 수도회 소속 수사였다. 그는 고전문학뿐만 아니라 논리학, 천문학, 점성학 등 자연철학에 대해서도 해박한 지식을 소유한 사상가였다. 그의 사상은 때론 시대를 앞서갔고, 이 앞서나간 생각 때문에 목숨을 잃었다. 그의 사상 중에 교회의 심기를 건드린 것은 바로 우주는 무한하게 퍼져 있고 태양은 그중 하나의 항성에 불과하며, 밤하늘에 떠오르는 별도 모두 태양과 같은 항성이라는 무한 우주론이었다. 종교재판관들은 그에게 교리에 맞지 않는 생각을 철회하라고 종용했지만 그는 자신의

브루노 동상

IX GIVGNO MDCCCLXXXIX

A BRVNO
IL SECOLO DA LVI DIVINATO
QVI
DOVE IL ROGO ARSE

뜻을 끝까지 굽히지 않았다. 사형장으로 끌려가면서도 입을 다물지 않자 그의 턱에 쇠로 된 재갈을 채우고 쇠꼬챙이로 혀를 뚫었을 뿐 아니라 다른 꼬챙이로는 입천장을 관통시켰다.

그가 화형을 당한 지 약 300년 후인 1899년 빅토르 위고, 바쿠닌 등 유럽의 지식인들은 사상의 자유를 위해 순교한 브루노를 기리려고 화형이 이뤄진 로마의 캄포 데 피오리 광장에 동상을 건립했다. 이에 격노한 교황 레오 13세는 금식 기도를 하면서 동상 건립에 반대했다. 그의 동상 하단에는 "브루노에게, 그대가 불에 태워짐으로써 그 시대가 성스러워졌노라(A Bruno Il secolo da lui divinato qui dove il rogo arse)"라는 문구가 새겨져 있다.

이탈리아 학술대회에 참여했다가 로마에 잠깐 머물면서 다시 브루노 동상을 찾은 적이 있다. 로마를 찾는 관광객들 중에 브루노 동상을 보러 오는 사람은 거의 없다. 현재 브루노 동상이 있는 광장은 노점들로 활기가 넘치는 시장이다.

어떤 인물과 사건을 통해 역사를 가르치고 배울지는 간단한 문제가 아니다. 그런 점에서 역사는 항상 선택의 기로에 있고, 그 선택은 결코 객관적이지도 않고 가치중립적이지도 않다. 선택에는 철학과 가치관이 담겨 있다. 종교개혁을 통해서 배워야 할 것은 루터와 칼뱅 같은 위대한 종교개혁가가 아니라 종교적 관용일 것이다.

16세기 베네치아의

위기와 기회

1492년 바스쿠 다가마가 이끄는 포르투갈 선단이 인도 캘리컷
에 도착했다는 소식이 유럽에서 제일 먼저 전해진 곳은 베네치아
였다. 결코 반가운 소식이 아니었다. 지중해를 경유하지 않고 향
신료의 원산지로 직접 가는 새로운 항로 개척은 베네치아로서는
청천벽력과 같은 충격이었다. 중계무역을 통해 막대한 부를 쌓아
왔던 베네치아공화국 1000년의 역사에서 최고 위기의 순간이었
다. 베네치아에는 부정적 전망이 넘쳐났다. 한 베네치아 연대기
작가는 만약 이것이 사실이라면 이보다 더 베네치아의 명운을 좌
우하는 중대한 사건은 없을 것이라며, 이 소식이 제발 사실이 아
니기를 빌었다. 유럽 전역에서도 비관론이 우세했다. 16세기 초
인도양을 여행했던 포르투갈 출신 상인 토메 피레스는 말라카의
주인이 되는 자가 베네치아의 숨통을 끊을 수 있다고 기대했다.
　하지만 당시 베네치아가 겪고 있던 위기는 이뿐만이 아니었

다. 베네치아가 동지중해에서 갖고 있던 여러 식민지 영토를 하나씩 오스만제국이 빼앗고 있었기 때문이다. 지중해에서 과거 해상 제국으로서의 위상을 회복할 기미가 없어 보였다. 물론 베네치아는 하루아침에 무너지지 않았다. 16세기 지중해 역사를 다룬《지중해: 펠리페 2세 시대의 지중해 세계》를 쓴 페르낭 브로델Fernand Braudel은 오스만과 베네치아의 싸움을 곰과 말벌의 싸움에 비유하며 기껏해야 말벌인 베네치아가 거대한 곰인 오스만제국을 상대로 300년이나 버텨 낸 것은 실로 경탄할 만한 저항이었다고 이야기한다.

설상가상으로 16세기 베네치아는 이탈리아 본토에서도 열강들의 공격을 받고 있었다. 1508년 교황 율리우스 2세는 프랑스, 에스파냐, 신성로마제국과 캉브레 동맹을 결성해 베네치아를 공격했다. 베네치아의 성장을 더 이상 두고 보지 않겠다는 열강들의 공격이 시작된 것이다. 작은 섬나라 베네치아를 집어삼키기 위해 당시 유럽 최고 열강들이 연합했다. 언뜻 보기에 이는 다윗과 골리앗의 싸움이었다. 당시 마키아벨리는 베네치아가 이 한 번의 전쟁으로 800년 동안 쌓아 올린 것을 모두 잃어버릴 것이라고 평할 정도였다. 그러나 전쟁 초기 큰 패배로 모든 것을 잃어버릴 것 같던 베네치아는 다소 시일이 걸렸지만 빼앗겼던 북부 이탈리아 영토 대부분을 되찾았고 그 후로도 300년 가까이 독립을 유지했다.

1500년경 베네치아가 직면했던 군사적, 경제적, 외교적 위기들을 고려하면 16세기 베네치아의 미래는 암울하거나 희망이 전혀 없어 보였다. 그렇지만 베네치아는 주변 강대국들의 공세를 막아 낸 것처럼 경제적 위기에도 신속하게 대응했다. 우선 포르투갈의 인도 항로 개척으로 야기된 향신료 무역 위기를 타개하려고 통상 5인 위원회라는 기구를 설립했다. 최종적으로 포르투갈이 개척한 인도 항로는 지중해를 통과하는 베네치아의 향신료 교역을 완전히 붕괴시키지 못했다. 16세기 중엽에는 이전의 최고 전성기 수준 이상의 향신료가 베네치아로 수입되었다. 베네치아는 인도 항로 개척 이후에도 한 세기 이상 잘 버텼다.

위기를 타개하기 위한 베네치아의 또 다른 대응은 경제 구조 다변화였다. 기존에 베네치아는 지중해를 통한 상품 수송과 교역에 집중했고 조선업 이외의 산업 활동은 미미했다. 이러한 경제 구조는 그만큼 지중해 교역에서 막대한 부를 얻었다는 것을 보여 준다. 그러나 포르투갈의 인도 항로 개척은 이러한 경제 구조 변화를 불가피하게 만들었다. 베네치아는 그동안 크게 신경 쓰지 않았던 여러 직물 산업을 적극적으로 육성했다. 여타 이탈리아 도시에 있는 숙련 직물 장인들을 베네치아로 유치했다. 이러한 노력 덕분에 16세기 초 연간 2000필 정도에 지나지 않던 모직물 산업이 16세기 후반에는 3만 필을 생산할 정도로 괄목할 만하게 성장했다. 모직 산업 다음으로 견직 산업과 면직 산업도 크게 번성했다. 비누와 유리 산업도 직물 산업 못지않게 성장했다. 16세기 베네치아 유리 산업은 전성기를 맞았고 베네치아 유리 세공품들은 유럽뿐만 아니라 이슬람 세계에서도 큰 명성을 얻었다. 16세기 베네치아를 대표하는 또 다른 산업은 출판 산업이었다. 구텐베르크가 인쇄술을 개발한 독일 마인츠가 아니라 베네치아가 16세기 유럽 인쇄업의 메카로 부상했다. 적극적인 숙련 장인 유치, 종교적 박해와 검열로부터의 상대적 자유, 베네치아 상인이 보유하고 있는 광범위한 유통망, 책을 쓸 수 있는 지식인이 베네치아에 많다는 점 등이 베네치아가 인쇄업 중심지로 발전할 수 있는 기반이었다.

16세기 베네치아 인구는 증가했고, 경제 성적표 또한 우수했다. 경제적 지표로 본다면 16세기 말 베네치아 경제는 최고 전성기였다. 베네치아 속담처럼, 사면초가였던 16세기 베네치아는 부서지기는 했지만 결코 몰락하지 않았다. 한국 법원의 강제징용 배상 판결에 대한 보복으로 시작된 아베 정권의 경제 공격은 한국 경제에 위기감을 고조시켰다. 16세기 베네치아가 위기를 극복하고 크게 도약했듯이 우리에게도 위기는 변화와 혁신의 기회이기도 하다.

팔마 일 조바네, 〈캉브레 동맹의 알레고리〉, 1590~1595, 도제의 궁 소장

베네치아와

날개 달린 사자

이탈리아 도시들이 저마다의 매력을 가지고 있지만 개인적으로 베네치아는 늘 마음을 설레게 한다. 베네치아를 처음 방문했을 때가 20년 전쯤이었다. 박사 논문에 필요한 중세 베네치아 상인들이 남긴 기록을 보기 위해서였다. 짧은 기간에 많은 성과를 올려야 하는 부담감, 라틴어로 된 중세 문헌들을 제대로 이해할 수 있을까 하는 두려움이 베네치아를 본다는 설렘을 압도했다. 게다가 자리가 지정되지 않은 싼값의 야간 기차표를 끊어서 갔기에 밤을 새우다시피 하며 베네치아까지 가야 했다. 그렇지만 아침 기차가 베네치아섬으로 들어갈 때 안개 속에서 서서히 모습을 드러내는 광경은 지금도 잊을 수 없을 정도로 황홀했다.

강렬한 첫인상에도 불구하고 그 당시에는 베네치아의 문화 유적을 제대로 음미하지 못했다. 내 무심함 탓도 있었겠지만, 논문 부담이 워낙 컸기 때문이었던 것 같다. 그 후 몇 차례 더 베네치아를 방문하고 나서야 그전까지 보지 못했던 대상이 눈에 들어왔다. 바로 '날개 달린 사자'였다. 개인적 경험 때문일까? 대중 강연을 할 때면 나는 베네치아를 여행한 적이 있는 분들에게 베네치아에서 날개 달린 사자를 봤느냐는 질문을 종종 한다. 그러나 예전의 나처럼 많은 사람이 이를 보지 못했다고 답한다. 그런데 사실 베네치아에 가면 못 보고 지나치기는 힘들 정도로 날개 달린 사자가 도시 곳곳에서 모습을 보인다. 베네치아의 대표 명소인 산마르코 광장에만 해도 여기저기서 날개 달린 사자가 지키고 있다.

산마르코 광장에 설치된 두 개의 큰 기둥 위 날개 달린 사자는 아드리아해를 내려다보고 있다. 중세 이래 베네치아의 최고 통치자인 도제doge의 궁 입구에는 15세기 이탈리아로의 팽창을 주도했던 도제 프란체스코 포스카리의 조각상이 날개 달린 사자 앞에서 무릎을 꿇고 있다. 산마르코대성당 곳곳은 날개 달린 사자와 산마르코의 전설을 보여 주는 그림들로 가득 차 있고, 한때는 베네치아 국영 조선소로 사용되었다가 현재는 이탈리아 해군기지로 사용되는 건물 입구에도 날개 달린 사자가 위풍당당하게 서 있다.

왜 이렇게 베네치아 곳곳에 날개 달린 사자가 있을까? 날개 달린 사자가 베네치아와 인연을 맺게 된 것은 828년으로 거슬러 올라간다. 그해 이슬람 영토였던 알렉산드리아에서 불법 거래를 하

비토레 카르파초,
〈산마르코의 사자〉, 1516,
도제의 궁 소장

고 있던 베네치아 상인 부오노와 루스티코 디 토르첼로는 알렉산드리아의 한 교회에 안치되어 있던 산마르코의 유해를 훔쳐서 베네치아로 가져왔다. 당시 기독교 세계에서 이런 종류의 성 유물 도둑질은 성스러운 도둑질로 간주했고 때론 권장하기도 했다. 날개 달린 사자는 산마르코를 상징하고 보호하는 신물이었기에 산마르코의 유해가 베네치아로 이전되면서 날개 달린 사자도 함께 들어오게 된 것이다(복음서의 저자들인 미테는 천사, 루가는 소, 요한은 독수리, 마가는 사자와 쌍을 이룬다).

날개 달린 사자는 13세기 무렵 베네치아공화국 공식 상징물로 부상했고, 베네치아의 화폐·공식 문서·인장·깃발·다양한 장식물 등에 공화국을 상징하는 문양으로 사용되었다. 16세기 초 베네치아 화가 카르파초가 그린 〈산마르코의 사자〉는 몸의 반은 바다에, 나머지 반은 육지에 걸쳐져 있음으로써 지중해 바다와 이탈리아 본토로 팽창하는 해상 제국 베네치아의 위풍당당한 모습을 보여 준다. 이 그림은 바다와 육지를 모두 차지하겠다는 베네치아공화국의 강한 의지를 시각적으로 표현하고 있다.

근대 들어 베네치아의 위상이 약화되면서 사자의 이미지도 변화했다. 동물의 왕이자 용맹함의 상징이었던 베네치아의 날개 달린 사자는 아이러니하게도 평화의 상징으로 변모해 갈 수밖에 없었다. 1798년 나폴레옹 군대가 1000년의 독립을 유지했던 베네치아공화국을 점령하면서 공화국의 상징 날개 달린 사자도 수모를 피할 수 없었다. 나폴레옹은 날개 달린 사자가 베네치아인들에게 너무나 소중한 상징임을 간파하고 외부로 보이는 모든 '산 마르코의 사자'를 파괴하라고 명했다. 그래도 성이 차지 않은 정복자들은 사자를 파리로 인질로 데려갔다. 이처럼 날개 달린 사자는 9세기 초 베네치아로 들어온 이후 1000년 이상 베네치아공화국을 대표하고 상징하는 역할을 해 왔다. 한마디로 베네치아와 운명을 같이한 것이다.

매년 세계 각지에서 수많은 사람이 베네치아를 방문한다. 서울과 베네치아를 연결하는 직항 노선이 생기면서 베네치아 여행이 훨씬 용이해졌다. 날개 달린 사자와 베네치아가 1000년 이상 맺어 온 인연의 역사를 알고 간다면 베네치아 여행의 즐거움은 한층 배가될 것이다. 유홍준이《나의 문화유산 답사기》에서 이야기한 것처럼 아는 만큼 보인다. 하나 더 보태자면 보고 싶은 만큼 보인다. 그래서 조금 더 알려고 하고 조금 더 열린 마음으로 대상을 바라보면 더 많은 것이 눈에 들어올 것이다.

번역의 힘

최근 교육부가 2023년까지 세계적인 인문학 고전 1000권을 선정해 번역 지원을 하기로 결정했다. 늦은 감은 있지만 이러한 교육부의 결정은 환영할 일이다. 무엇보다도 오랜 역사적 경험을 통해서 보면 번역은 지식 발전에 크게 기여했기 때문이다.

이슬람 문명은 800년부터 1300년까지 세계 제일의 과학 지식을 보유했다고 알려져 있다. 이러한 명성의 근간에는 활발한 번역 활동이 있었다. 7세기 아라비아반도를 중심으로 성장한 이슬람 문명은 초기에 페르시아와 인도의 과학 서적을 아랍어로 번역했다. 832년 아바스왕조의 칼리프 알마문은 제국의 수도 바그다드에 아랍어로 바이트 알히크마, 즉 '지혜의 집'이라 불리는 도서관을 설립해 번역과 학문 연구를 진흥시켰다. 칼리프의 재정 지원을 받은 학자들은 인도와 페르시아 서적 이외에도 그리스의 과학·철학 서적들을 아랍어로 번역했다. 고대 로마제국 시절 위대한 지리학자였던 프톨레마이오스의《천문학 집대성》이 9세기 초 《알마게스트Almagest(위대한 책)》라는 이름으로 번역되었다. 반면 중세 유럽에서는 15세기에 가서야 프톨레마이오스의 저서들이 번역되기에 이르렀다. 그만큼 중세 이슬람 세계가 유럽 기독교 세계보다 지중해의 고전 문명을 수용하고 발전시키는 데 앞서 있었다.

고대 기하학의 아버지로 불리는 유클리드의《기하학 원론》, 고대 그리스 최고의 수학자였던 아르키메데스의 여러 저술들, 플라톤과 함께 그리스 최고의 철학자로 평가받는 아리스토텔레스의 여러 저술이 아랍어로 번역되었다. 이러한 번역은 활발한 학문 연구로 이어졌다. 12세기 이베리아반도 출신 이슬람 학자인 이븐루시드는 아리스토텔레스의 철학을 체계적으로 정리했다. 아리스토텔레스에 대한 그의 설명은 중세 서유럽이 과학, 자연, 형이상학을 이해하는 데 크게 기여해 유럽 사람들은 그를 '아리스토텔레스의 주석자'라는 명예로운 명칭으로 불렀다.

아랍어로 번역된 문헌들은 천문학, 산수, 기하학, 철학, 논리학, 형이상학 등에 그치지 않고 점성학과 연금술, 음악 이론, 물리학, 동물학, 식물학, 의학, 약리학, 군사학 등 모든 학문 분야를 망라했다. 특히 의학 서적 번역이 활발했다. 한때 '지혜의 집' 책임자였던 후나인 이븐 이스하크가 고대 그리스와 로마 세계를 대표하는 의사였던 히포크라테스와 갈레노스의 저작 150편을 번역했을 정도였다. 아랍어로 번역된 고대 그리스와 로마 의학은 이슬람 세계에서 한층 풍성해졌다. 11세기 이븐시나는 히포크라테스와 갈레노스의 의학을 더욱 발전시켜 아랍어로《의학정전》을 저술했다. 이 의학서는 1600년대까지 유럽의 대학에서 의학 교재로 사용될 정도로 기독교 세계에서도 큰 명성을 누렸다.

　서유럽 기독교 세계가 번역의 중요성을 인지하고 아랍어로 된 저작들을 라틴어로 번역하기 시작한 것은 11세기 말이었다. 물론 성직자들은 이교인 이슬람 서적들을 기독교 세계에 번역·소개하는 것에 반대했다. 특히 기독교 교리에 어긋나는 내용일 경우 그 반대는 더욱 거셌다. 그러나 교회도 새로운 변화의 물결을 막지는 못했다. 유럽 최초의 의학대학인 이탈리아 살레르노 의학대학은 처음부터 아랍어 의서들을 광범위하게 번역해서 수업에 활용했다. 12세기 영국 출신 자연철학자 애덜라드는 선진적인 아랍 학문이 서유럽 기독교 세계를 변화·발전시킬 수 있다고 생각하고 많은 아랍어 서적을 라틴어로 번역했다. 이렇게 이슬람 세계로부터 지적 영향을 받은 덕분에 서유럽 기독교 세계는 '12세기 르네상스'라 불리는 문예부흥을 이룰 수 있었다. 번역이 중세 이슬람 세계의 과학과 학문을 발전시킨 것처럼, 서유럽 세계 또한 아랍어 서적들을 라틴어로 번역함으로써 새로운 시대를 준비할 수 있었다.

　일본이 아시아 국가 중에서 일찍 근대화를 할 수 있던 배경 중

애딜라드가 번역한 《기학학 원론》 표지 그림, 대영도서관 소장

하나도 번역을 통한 서양 과학과 학문 수용이었을 것이다. 서양 과학 서적이 일본어로 완역된 최초의 사례는 18세기 후반에 번역된 의학서 《해체신서》다. 이 책을 발간한 이후 의학 이외에도 과학, 천문학, 수학 등 유럽 학문에 대한 관심이 증대했다. 번역은 외국인 교사 채용, 유학생·시찰단 파견과 함께 일본 근대화의 첫걸음이었다. 메이지 정부 초기에는 번역의 시대라 불릴 정도로 번역이 활발했다. 오늘날에도 일본에서 번역은 활발하며 중요한 학문적 업적으로 간주된다.

그러나 지금 한국의 번역 현실은 암담하다. 한마디로 번역을 권장하는 사회가 아니다. 대학의 학문 평가 방식과 시장이 구조적으로 번역을 활성화시키기는커녕 오히려 억제하고 있다. 대학을 평가하는 신문사들과 그들이 만든 평가 지침을 따를 수밖에 없는 대학들은 번역을 중요한 연구 업적으로 계산하지 않는다. 시간과 노력은 많이 들고 학문적 평가와 금전적 보상은 미미한 상황에서 활발한 번역을 기대하는 것은 무리다. 지금이라도 이런 시스템을 바꿔야 할 것이다. 너무 늦긴 했지만 이제라도 번역의 중요성을 이해하고 이를 장기적 안목으로 지원하겠다는 교육부의 결정은 쌍수를 들어 환영할 일이다.

1438년 피렌체,

2019년 하노이

피렌체에 있는 메디치-리카르디궁전에는 15세기 중엽 메디치 가문의 주문으로 베노초 고촐리가 그린 〈동방박사의 행렬〉이라는 벽화가 있다. 그런데 이 그림의 주문자인 메디치 가문은 너무 속 보이는 짓을 했다. 예수그리스도의 탄생을 경배하기 위해 동방으로부터 온 세 명의 박사로 비잔티움 황제 요하네스 8세, 동방기독교 총주교 요셉과 더불어 메디치 가문 출신으로 열두 살밖에 되지 않은 로렌초를 그리게 한 것이다.

메디치 가문 입장에서는 이 그림을 제작할 만한 충분한 이유가 있었다. 자신들이 기독교 세계 최고의 협상을 성공적으로 개최하는 데 큰 공을 세웠음을 기리고 싶었던 것이다. 그 협상이란 바로 1438년 피렌체에서 열린 공의회였다. 이 세기의 회의에는 교황과 서유럽 기독교 고위 성직자들뿐만 아니라 비잔티움 황제 요하네스 8세와 총주교 요셉을 포함한 600명 이상의 대규모 비

베노초 고촐리, 〈동방박사의 행렬〉, 1459~1462,
메디치-리카르디궁전 동방박사예배당 소장

잔티움제국 사절단이 참석했다. 이 자리에서 지중해 동쪽을 지배하는 그리스정교 수장이었던 비잔티움제국 황제와 서유럽 로마가톨릭의 수장인 교황이 기독교 세계의 통합을 논의했다.

사실 1438년 피렌체 공의회는 기독교 역사에서 매우 중대한 사건이 될 수도 있었다. 1054년 이후 결별했던 동·서방 기독교가 한자리에 모여 다시 통합하는 문제를 논의했기 때문이다. 그런데 이 명시적 목적 외에 다양한 이해관계가 얽히면서, 이야기가 전혀 다른 방향으로 흘렀다. 먼저 교황의 속내가 다른 데 있었다. 1431년부터 스위스 바젤에서 개최되고 있던 공의회에서는 교황의 권력을 축소하고 공의회가 교황을 대신하자는 주장까지 쏟아졌다. 교황으로선 이러한 공의회주의자들의 기세를 꺾을 필요가 있었다. 따라서 교황은 바젤을 피해 제3의 장소에서 자신의 주도하에 동방교회와 회담을 개최함으로써 자신의 위상을 높이려는 계획을 세웠다.

협상의 저쪽 당사자인 비잔티움 황제 역시 곤경에 빠져 있었다. 오스만제국으로부터 지속해서 공격받던 황제는 서유럽 교황이 이슬람에 맞서 싸울 십자군을 조직해 줄 것을 희망했다. 오랫동안 적대시했던 서유럽 로마가톨릭과 손을 잡고 교황에게 도움을 구걸하는 것 자체가 황제에게는 명백한 굴욕이었을 것이다. 하지만 황제는 명분보다는 절박한 위기를 타개할 실리를 선택했다.

15세기 이탈리아반도에서 최고 강국이었던 베네치아공화국도 비잔티움제국과 같은 이해관계를 가지고 있었다. 1430년 오스만제국과의 전쟁에서 크게 패하고 그리스반도 내에 있는 식민지를 상실한 베네치아는 오스만제국의 군사적 팽창을 저지하려고 했다. 하지만 이미 지중해 제일 강자로 부상한 오스만제국을 혼자 막기에는 역부족이었기에 기독교 연합군인 십자군 결성을 원했다. 그런 연유로 베네치아는 회담 성사를 위해 비잔티움제국 외교사절들을 분주하게 이탈리아로 실어 날랐다.

1434년 피렌체에서 추방되었다가 다시 돌아와 불안정한 위치에 있던 메디치 가문 역시 이 회담에서 노리는 바가 있었다. 그들은 교황이라는 든든한 지원 세력을 얻고 비잔티움 황제로부터는 그리스 시장에서의 상업 특혜를 기대했다. 메디치 가문은 재정적으로 어려움에 처한 교황을 도와 비잔티움 사절단 체류 비용뿐만 아니라 콘스탄티노플로 돌아가는 비용까지 지원하기로 결정했다.

회담은 1439년 7월 5일 합의문을 만들어 냈다. 이를 위해 비잔티움 황제가 교리 논쟁에서도, 로마 교황과 비잔티움 총주교의 위상 문제에서도 모두 한발 양보하면서 문서상으로나마 통일이 달성됐다. 그 대신 서유럽 세계로부터의 군사적 원조라는 '기쁜' 소식을 가지고 귀환할 수 있었다.

그러나 황제를 맞이한 것은 환영이 아니라 분노와 적개심이었다. 1204년 4차 십자군전쟁 당시 서유럽 기독교인들에게 유린

당한 원한의 역사를 기억하고 있는 그리스인들은 이 합의를 철회하라고 요구했다. 예루살렘, 알렉산드리아, 안티오크의 총대주교들은 자신들을 대신해 합의에 서명한 대표단을 인정하지 않았고 1441년에는 회의에 참여한 성직자들까지도 합의를 철회하기에 이르렀다. 결국 합의했던 서유럽 세계의 군사적 원조는 없었고 1453년 1000년의 제국 비잔티움은 오스만제국에 의해 멸망했다.

2019년 하노이에서 열린 북·미 징상회담은 별 성과 없이 끝났다. 남북한 정상들의 판문점 회담과 싱가포르에서 열린 북·미 정상회담에 이은 하노이 회담에서 비핵화와 종전선언이 나올 수 있다는 기대는 실현되지 않았다. 이 일련의 회담들은 1438년 피렌체 회담과 여러 면에서 닮아 있다. 남한과 북한뿐만 아니라 미국과 중국, 일본, 러시아 등 동아시아 열강도 한반도를 둘러싼 지역에 첨예한 관심과 상충되는 이해관계를 가지고 있기 때문일 것이다. 15세기 중엽 기독교 세계 통합이 쉽지 않았던 것처럼 동아시아 세계에 항구적 평화를 정착시키는 일 또한 어려운 과제다. 과거의 역사에서 얻을 수 있는 교훈은 아마 뿌리 깊은 종교적 반감과 증오심이 15세기 기독교 세계 통합과 협력을 어렵게 만들었듯이 기존 냉전 시대 사고방식으로는 이 어려운 과제를 풀어 낼 수 없을 것이라는 점이다.

역사의 주인공은

누구인가?

얼마 전에 '중세 말 피렌체로 팔려 온 타르타르 노예'라는 제목의 논문을 준비하다가 우연하게 르네상스를 대표하는 예술가 레오나르도 다빈치의 어머니가 중국인 노예였다고 주장하는 책을 발견했다. 일견 황당해 보이지만 동시대에 이탈리아 도시들에 아시아 출신 노예가 많았다는 사실을 감안할 때 이런 종류의 이야기가 완전히 불가능한 것은 아니다. 대개 16세기 대항해시대 이전엔 유럽과 아시아가 직접 교류를 하지 않았다고들 알고 있다. 그러나 실제로 몽골이 유라시아 대륙을 아우르는 세계 제국을 건설한 13~14세기에 많은 아시아 출신 노예가 유럽으로 팔려갔다.

　14세기 중엽 흑사병으로 인구가 격감한 유럽은 흑해를 통해 여러 민족의 노예들을 수입했다. 당시 흑해 지역에서 활동한 베네치아와 제노바 상인들은 타르타르 노예를 피렌체 등지의 이탈리아 도시들에 공급했다. 엄밀하게 구분하면 타르타르와 몽골

족은 다른 민족이지만 당시 유럽인들은 몽골 사람들을 타르타르 tartar인이라고 불렀다. 공포 때문이었다. 몽골의 노도와 같은 침략으로 공포에 질린 유럽인들이 동방에서 온 유목 민족을 지옥이라는 뜻의 라틴어 타르타루스tartarus로 부르게 된 것이다.

논문을 준비하면서 이렇게 이탈리아로 끌려온 몽골 노예들 중에 고려인이 섞여 있을지도 모른다는 상상을 하게 되었다. 이 또한 터무니없는 상상은 아닐 것이다. 실제로 많은 고려인이 몽골로 강제로 끌려갔고, 이들 중 일부가 서유럽까지 팔려 갔을 가능성이 아예 없지는 않기 때문이다. 몽골의 칸들은 채무를 변제하지 않았다는 이유로 자국 신민들을 해외에 노예로 파는 행위를 엄격히 단속하려고 했다. 그러나 전쟁에서 포로로 잡히거나 가난 때문에 부모가 자식을 노예 상인에게 넘기는 등 다양한 이유로 많은 이들이 먼 이국땅으로 팔려 나갔다. 당시 노예는 인간이 아니라 물건으로 간주되었고, 그래서 노예의 몸값은 가축 가격과 함께 기록되곤 했다.

더 슬픈 이야기는 중세 말 피렌체로 팔려 온 타르타르 노예들 중 많은 노예가 주로 10대 후반 소녀였다는 사실이다. 이들에 대한 꽤 상세한 기록이 남아 있다. 피렌체 정부가 노예를 구입한 사람에게 이 사실을 시청에 신고하고 세금을 내도록 했기 때문이다. 신고 서류에는 노예의 신체적 특징과 인적 사항이 기록되어 있다. 1366년 7월 4일 우고라는 피렌체 시민은 스타마티라는 이름의 타르타르 여자 노예를 30두카토에 구입했다고 신고했다. 노예의 나이는 열여덟 살이었고, 키는 중간보다 약간 컸고, 피부색은 올리브색이고, 코는 크고 코 위엔 검은색 점이 있고, 귀는 뚫었다. 노예 구매 가격은 당시 장인의 1년 치 연봉보다 조금 적은 정도였다. 그런 연유로 피렌체 귀족뿐만 아니라 부유한 도시민들도 낯선 이방인 노예들을 살 수 있었다.

스타마티가 이후 어떤 삶을 살았는지 알 수는 없지만 많은 이방인 여자 노예가 이탈리아 남자 주인들로부터 성적으로 학대를 당했다. 이들은 주인의 아이를 낳았고 이렇게 태어난 혼혈아들은 버려지기 일쑤였다. 노예를 바라보는 여주인들의 시선도 따가웠다. 그들은 젊은 여자 노예들이 성적으로 문란하고 음탕해서 모범적인 하녀들과 주인집 딸까지 타락시킨다고 불평했다. 르네상스 시대 이탈리아 시인 페트라르카가 말한 것처럼 이탈리아 여성들에게 아시아의 여자 노예들은 "집 안에 있는 적들"이었다.

자료 조사 과정에서 시선을 끄는 노예가 한 명 있었다. 그는 안토네토라는 기독교식 세례명으로 불린 몽골 소년 노예였다. 이 소년은 당돌하게 자신은 자유인으로 태어났기 때문에 처음부터 노예로 팔릴 수 없다고 주장하면서 이를 근거로 피렌체시에 자유를 달라고 호소했다. 물론 소년의 주장은 받아들여지지 않았다. 이후 소년이 어떤 삶을 살았는지 궁금해 피렌체 문서고를 방문했지만 안타깝게도 그의 행적을 알려 주는 문서를 찾지 못했다. 219

암부로조 로렌체티, 〈인도 타나에서의 프란체스코 수도회 수도사 순교〉,
시에나 프란체스코 수도원 소장

이 그림에 나오는 인도인은 몽골인의 모습을 하고 있다. 아마 당시 이탈리아
도시에서 몽골 출신 노예를 흔하게 볼 수 있었기 때문에 화가가 익숙한 몽골인을
인도인으로 그린 것 같다.

노예와 같은 피지배 계층은 오랫동안 역사 서술의 주인공이 되지 못했다. 역사는 항상 왕후장상 등 지배 계급의 역사였고 그들이 남긴 기록을 바탕으로 기술되어 왔다. 그렇지만 20세기 후반 유럽 역사학계는 '위로부터의 역사'가 아니라 '아래로부터의 역사' 쓰기를 시도하기 시작했다. 이단 심문을 받았던 농민들의 목소리를 통해 중세 말의 유럽 역사를, 이탈리아 북부 베네토 출신의 방앗간지기를 통해 변화의 16세기를, 주인의 고양이를 학살하고 소극적 저항을 했던 파리의 인쇄공들을 통해 계몽 시대 프랑스를, 노동계급이 계급의식을 갖는 과정을 통해 산업혁명 시대의 영국을, 노동자와 일반 대중의 삶을 통해 나치 시대의 일상을 이야기하고 있다.

이제 우리도 500년 조선 왕조의 역사를 세종대왕이나 이순신 장군만이 아니라 허난설헌과 전봉준의 삶을 통해서도, 20세기 한국사를 자유당의 부정선거에 항거해 일어났던 학생들, 독재 정권 시절 열악한 노동 조건하에서 치열하게 살았던 보통의 노동자들, 노동자의 인권을 위해 싸웠던 전태일의 삶을 통해서도 바라봐야 할 것이다. 어떤 사람들과 어떤 사건들을 통해 역사를 배우고 기억하느냐가 그 나라의 역사의식, 역사의 수준과 품격 그리고 시대정신을 반영한다.

프롤로그

C.H. 해스킨스 지음, 이희만 옮김, 《12세기 르네상스》, 혜안, 2017

박승찬, 《중세의 재발견》, 길. 2017

유희수, 《낯선 중세》, 문학과지성사, 2018

자크 르 고프 지음, 유희수 옮김, 《서양 중세 문명》, 문학과지성사, 2008

중 세 라 는 이 상 한 세 계

아리스토텔레스를 금하라

아리스토텔레스 지음, 박문재 옮김, 《아리스토텔레스 시학》, 현대지성, 2021

움베르토 에코 지음, 이윤기 옮김, 《장미의 이름》 상·하, 열린책들, 2002

장 자크 아노 감독, 〈장미의 이름〉, 1986

잃어버린 고전과 책 사냥꾼

스티븐 그린블랫 지음, 이혜원 옮김, 《1417년, 근대의 탄생》, 까치, 2013

제리 브로턴 지음, 윤은주 옮김, 《르네상스》, 교유서가, 2018

전염병보다 무서운 가짜 뉴스

존 켈리 지음, 이종인 옮김, 《흑사병 시대의 재구성》, 소소, 2006

흑사병에 맞선 의사와 도망친 교황

G. 보카치오 지음, 허인 옮김,《데카메론》1·2, 신원문화사, 2006

알베르 카뮈 지음, 이혜윤 옮김,《페스트》, 동서문화사, 2020

흑사병을 물리치는 수호성인

수전 손택 지음, 이재원 옮김,《은유로서의 질병》, 이후, 2002

중세 유럽인들의 이상한 뼈 사랑

제프리 초서 지음, 송병선 옮김,《캔터베리 이야기》, 현대지성, 2017

패트릭 J. 기어리 지음, 유희수 옮김,《거룩한 도둑질》, 길, 2010

잠자리까지 통제한 사회

올더스 헉슬리 지음, 안정효 옮김,《멋진 신세계》, 태일소담출판사, 2019

제프리 리처즈 지음, 유희수·조명동 옮김,《중세의 소외집단》, 느티나무, 1999

Nirit Ben-Aryeh Debby, *Renaissance Florence in the rhetoric of two popular preachers Giovanni Dominici (1356-1419) and Bernardino da Siena (1380-1444)* (Turnhout: Brepols, 2001)

Jean Louis Flandrin, *Un temps pour embrasser: aux origines de la morale sexuelle occidentale (VIe-XIe siècle)* (Paris: Seuil, 1983)

성욕은 죄악이다

잭 터너 지음, 정서진 옮김,《스파이스》, 따비, 2012

Ibn Sina, *The canon of medicine*, adapted by Laleh Bkhtiar (Chicago: Great Books of the Islamic World, 1999)

불임은 악마의 계략

이리스 오리고 지음, 남종국 옮김,《프라토의 중세 상인》, 앨피, 2009

야콥 슈프랭거·하인리히 크라머 지음, 이재필 옮김,《마녀를 심판하는 망치》, 우물이있는집, 2016

NAM, Jong Kuk, "Social Perception of Infertility and Its Treatment in Late Medieval Italy: Margherita Datini, an Italian Merchant's Wife", *Korean Journal of Medical History*, vol.25(2016), pp.519-556.

불의 심판
마르크 블로크 지음, 박용진 옮김, 《기적을 행하는 왕》, 한길사, 2015

기적을 행하는 왕
마르크 블로크 지음, 박용진 옮김, 《기적을 행하는 왕》, 한길사, 2015

종교재판을 받은 〈최후의 만찬〉
댄 브라운 지음, 양선아 옮김, 《다빈치 코드》 1·2, 베텔스만, 2004

김진주, 〈파올로 베로네세의 만찬 연작 연구: 가톨릭 종교개혁 시기 미술품 검열과 1573년 '최후의 만찬'을 중심으로〉, 한국예술종합학교 석사학위논문, 2020

그 리 고 신 의 이 름 으 로

기도하는 자, 싸우는 자, 일하는 자
조르주 뒤비 지음, 성백용 옮김, 《세 위계, 봉건제의 상상세계》, 문학과지성사, 1997

바야돌리드 논쟁
장 클로드 카리에르 지음, 이세욱 옮김, 《바야돌리드 논쟁》, 샘터사, 2007

판도라와 이브
스티븐 그린블랫 지음, 정영목 옮김, 《아담과 이브의 모든 것》, 까치, 2019

멈추지 않는 마녀사냥
야콥 슈프랭거·하인리히 크라머 지음, 이재필 옮김,《마녀를 심판하는 망치》, 우
    물이있는집, 2016

신의 이름으로, 십자군전쟁
피터 프랭코판 지음, 이종인 옮김,《동방의 부름》, 책과함께, 2018

낙인찍기
윌리엄 셰익스피어 지음, 최종철 옮김,《베니스의 상인》, 민음사, 2010

마이클 레드포드 감독,〈베니스의 상인〉, 2004

다름을 인정한다는 것
볼테르 지음, 송기형·임미경 옮김,《관용론》, 한길사, 2001
제프리 리처즈 지음, 유희수·조명동 옮김,《중세의 소외집단》, 느티나무, 1999
주경철,《마녀》, 생각의힘, 2016

삼위일체를 부인하다 화형을 당하다
마이클 셔머 지음, 김명주 옮김,《도덕의 궤적》, 바다출판사, 2018
슈테판 츠바이크 지음, 안인희 옮김,《다른 의견을 가질 권리》, 바오출판사, 2009
한동일,《로마법 수업》, 문학동네, 2019

기독교와 이슬람은 같은 신을 숭배한다
리처드 플레처 지음, 박홍식·구자섭 옮김,《십자가와 초승달, 천년의 공존》, 21세
    기북스, 2020
새뮤얼 헌팅턴 지음, 이희재 옮김,《문명의 충돌》, 김영사, 1997

연옥, 중세 최고의 발명
자크 르 고프 지음, 최애리 옮김,《연옥의 탄생》, 문학과지성사, 1995

자코 반 도마엘 감독,〈이웃집에 신이 산다〉, 2015

참고문헌

지옥을 이용하는 종교

이은기, 《욕망하는 중세》, 사회평론, 2013

Jérôme Baschet, *Les justices de l'au-delà: les représentations de l'enfer en France et en Italie, XIIe-XVe siècle* (Roma: Bibliothèque des Ecoles Françaises d'Athènes et de Rome, 1993)

김용화 감독, 〈신과 함께: 인과 연〉, 2018

이자는 죄악이다

단테 알리기에리 지음, 한형곤 옮김, 《신곡》, 서해문집, 2005
이은기, 《욕망하는 중세》, 사회평론, 2013
자크 르 고프 지음, 김정희 옮김, 《돈과 구원》, 이학사, 1998
토마 피케티 지음, 장경덕 외 옮김, 《21세기 자본》, 글항아리, 2014

상인은 결코 신을 기쁘게 할 수 없다

김상근, 《사람의 마음을 얻는 법》, 21세기북스, 2011
라우로 마르티네스 지음, 김기협 옮김, 《메디치가 살인사건의 재구성》, 푸른역사, 2008
자크 르 고프 지음, 김정희 옮김, 《돈과 구원》, 이학사, 1998
최선미·김상근, 《르네상스 창조경영》, 21세기북스, 2008

파라다이스가 사라졌다

마르코 폴로 지음, 김호동 역주, 《동방견문록》, 사계절, 2000
존 맨더빌 지음, 주나미 옮김, 《맨더빌 여행기》, 오롯, 2014

Jean Delumeau, *Une histoire du paradis: le jardin de délices* (Paris: Fayard, 1992).

설교자, 중세의 아이돌

이리스 오리고 지음, 남종국 옮김, 《프라토의 중세 상인》, 앨피, 2009

고려 왕에게 편지를 보낸 교황

김진명,《직지》1·2, 쌤앤파커스, 2019

NAM, Jong Kuk, "Who is Rex Corum in the letter of 1333 by pope John XXII?", *Mediterranean Review*, vol.12(2019), pp.23-51.

우광훈·데이빗 레드먼 감독,〈직지코드〉, 2017

네로, 성군인가 폭군인가

안희돈,《네로황제 연구》, 다락방, 2004

사비니 여인 납치 사건

베르길리우스 지음, 천병희 옮김,《아이네이스》, 숲, 2004
시오노 나나미 지음, 김석희 옮김,《로마인 이야기》(전 15권), 한길사, 1995~2007

중세 최악의 가짜 뉴스

김호동,《동방 기독교와 동서문명》, 까치, 2002
성백용 외,《사료로 보는 몽골 평화시대 동서문화 교류사》, 이화여자대학교출판
    문화원, 2021

역사를 위조하려는 자들

스탠리 코언 지음, 조효제 옮김,《잔인한 국가 외면하는 대중》, 창비, 2009

임병철,〈사료 학습 자료로 발라의 '위작 콘스탄티누스 기진장에 대한 연설' 읽
    기〉,《역사교육연구》37, 2020, 135~171쪽.

브루노, 종교개혁의 또 다른 주인공

E.H. 카 지음, 김택현 옮김,《역사란 무엇인가》, 까치, 1997

참고문헌

슈테판 츠바이크 지음, 안인희 옮김,《다른 의견을 가질 권리》, 바오출판사, 2009

16세기 베네치아의 위기와 기회
남종국,《중세 해상제국 베네치아》, 이화여자대학교출판문화원, 2020
페르낭 브로델 지음, 주경철 외 옮김,《지중해》(전 3권), 까치, 2017~2019

베네치아와 날개 달린 사자
남종국,《중세 해상제국 베네치아》, 이화여자대학교출판문화원, 2020

번역의 힘
디미트리 구타스 지음, 정영목 옮김,《그리스 사상과 아랍 문명》, 글항아리, 2013
조너선 라이언스 지음, 김한영 옮김,《지혜의 집》, 책과함께, 2013

1438년 피렌체, 2019년 하노이
최종원,《공의회 역사를 걷다》, 비아토르, 2020

역사의 주인공은 누구인가?
로버트 단턴 지음, 조한욱 옮김,《고양이 대학살》, 문학과지성사, 1996
엠마뉘엘 르루아 라뒤리 지음, 유희수 옮김,《몽타이유》, 길, 2006
카를로 진즈부르그 지음, 김정하·유제분 옮김,《치즈와 구더기》, 문학과지성사,
      2001